Thèse pr le Doctorat

par

Archambault-Guyot (Joseph-Tiburce)

Paris. 1856.

FACULTÉ DE DROIT DE PARIS.

# THÈSE
# POUR LE DOCTORAT.

L'acte public sur les matières ci-après sera soutenu,
le mercredi 7 mai 1856, à midi et demi,

Par Joseph-Ferdinand **ARCHAMBAULT-GUYOT**,
né à Paris, le 9 août 1833,
Avocat à la Cour impériale de Paris.



Président : M. ROYER-COLLARD, Professeur.

Suffragants: MM. PELLAT, DE VALROGER, DURANTON, Professeurs. DEMANGEAT, Suppléant.

*Le Candidat répondra en outre aux questions qui lui seront faites sur les autres matières de l'enseignement.*



PARIS,
CHARLES DE MOURGUES FRÈRES, SUCCESSEURS DE VINCHON,
IMPRIMEURS DE LA FACULTÉ DE DROIT DE PARIS,
Rue Jean-Jacques Rousseau, 8.

1856.

2180

A MON PÈRE, A MA MÈRE.

---

A MON GRAND-PÈRE.

---

A LA MÉMOIRE DE MA GRAND'MÈRE.

# DROIT ROMAIN.

(Dig., lib. VI, t. 2.)

## DE LA PUBLICIENNE.

### CHAPITRE Ier.

#### NATURE ET BUT DE LA PUBLICIENNE.

La Publicienne est une action réelle, fictive, arbitraire, que le préteur a créée pour protéger celui qui, en position d'usucaper, perdait la possession de la chose, avant l'accomplissement du temps requis. Elle a avec la revendication qu'elle remplace, et l'usucapion qu'elle supplée, de trop grandes affinités pour que nous ne disions pas quelques mots de la revendication et de l'usucapion tout d'abord.

La propriété s'acquiert par deux espèces de modes bien distincts : les modes originaires, qui, comme l'occupation et la spécification, ne supposent aucun droit antérieur à celui de l'occupant, et les modes dérivés au contraire, qui, comme la mancipation, la *cessio in jure* et la tradition, subordonnent le droit du nouvel acquéreur à l'existence du droit de propriété chez ses auteurs. Pour l'occupant qui veut revendiquer, la preuve de son droit de propriété est facile à établir, mais elle est longue et difficile pour celui qui a acquis la propriété par un mode dérivé ; il doit en effet établir la propriété de tous ses auteurs et remonter ainsi jusqu'à un mode d'acquisition originaire. Afin d'obvier aux lenteurs et aux difficultés de cette preuve, on imagina l'usucapion, acquisition de la propriété par l'usage, qui s'accomplit par un ou deux ans au profit de celui qui a possédé sans interruption durant le temps requis et le dispense de rattacher son droit à celui de son auteur, pourvu qu'il prouve qu'il a possédé la chose pendant le temps voulu et qu'il l'a reçue *ex justa causa*. Mais ce système du droit civil offrait une lacune et des inconvénients : une lacune, en ne protégeant pas le demandeur qui avait cessé de posséder avant le temps prescrit pour l'usucapion ; des inconvénients, car le propriétaire devait, pour revendiquer, fournir des preuves, qu'il lui était souvent difficile de faire. Il eût été inique d'ailleurs de laisser sans appui des acquisitions conformes au droit des gens, car, nous le savons, l'usucapion était destinée non pas seulement à protéger la bonne foi de ceux qui avaient reçu une chose *mancipi* ou *nec mancipi a non domino*, mais encore à compléter la tradition des choses *mancipi*, qui, même avec le fait et la volonté du propriétaire, ne transférait que l'*in bonis* et ne permettait pas d'intenter la revendication (Gaïus, C. II, § 41 et 43 ; Inst. de Just., IV, 6, § 4). La création de la Publicienne est venue remédier à cet état des choses. Cette action, ainsi nommée sans doute du nom du préteur qui l'introduisit, suppose accomplie l'usucapion qu'elle devance, et en assure tous les avantages. Sa formule, où le demandeur est réputé avoir possédé le temps requis, charge le juge d'examiner si du reste les conditions pour le rendre propriétaire *ex jure Quiritium*, se trouvent réunies : *Judex esto : si quem hominem Aulus Agerius emit et is cui traditus est anno possedisset, tum si eum hominem de quo agitur ejus ex jure Quiritium esse oporteret, et reliqua* (Gaïus, IV, § 36).

D'après tout ce qui précède, il semble bien que dans le droit classique, l'action Publicienne devait protéger aussi bien et celui qui avait reçu une chose *mancipi* ou *nec mancipi*, avec juste cause et bonne foi *a non domino*, et celui qui avait reçu du propriétaire lui-même par simple tradition une chose *mancipi*; qu'en d'autres termes, la Publicienne devait protéger également l'*in bonis* et la *bonæ fidei possessio*. Telle est du moins l'opinion générale; cependant quelques auteurs sont venus après Hugo contester cette doctrine, et de trop grands noms figurent dans la controverse pour qu'elle ne mérite pas de fixer notre attention. On a pensé que la Publicienne s'appliquait à la possession de bonne foi seule et non pas au domaine bonitaire; l'*in bonis* serait garanti par une autre action réelle sur la nature de laquelle d'ailleurs nos adversaires sont divisés d'opinion. Ce serait, suivant les uns, la *formula petitoria*. Gaius (C. IV, § 92), en effet, dit-on dans ce système, la mentionne en ces termes : *hæc est qua actor intendit rem suam esse*, sans ajouter les mots *ex jure Quiritum* qui figurent au contraire dans la procédure *per sponsionem* : *per sponsionem vero hoc modo agimus; provocamus adversarium tali sponsione : si homo de quo agitur ex jure Quiritium meus est, sestertios XXV nummos dare spondes* (Gaius, C. IV, § 93). D'où l'on conclut que le *dominium ex jure Quiritium* était garanti par la *sponsio*, tandis que la *formula petitoria* protégeait le domaine du droit des gens, l'*in bonis*. L'objection nous semble mal fondée, car à ce texte on en peut opposer d'autres (Gaius, IV, § 41; Cicéron, 2e Verrine, 21), où les mots *ex jure Quiritium* figurent dans la *formula petitoria* elle-même; nous savons qu'on peut répondre que cette diversité dans les textes prouve que, si le demandeur pouvait bien se prétendre *dominus ex jure Quiritium*, la seule expression essentielle de la formule était *suum est*. Il n'importe d'ailleurs, car il nous est aisé d'établir que dans les actions *in rem* les expressions *meum, tuum, suum esse*, même sans l'addition des mots *ex jure Quiritium*, désignent toujours chez les Romains le *dominium ex jure Quiritium* exclusivement. En veut-on la preuve? On la trouve dans Gaïus (C. IV, § 34); celui qui a obtenu du préteur la *bonorum possessio*, ne peut pas *id quod defuncti fuit, intendere suum esse, cum prætorio jure et non legitimo succedat in locum defuncti*. N'est-ce pas démontrer et de reste que *meum, tuum, suum est*, ne s'applique pas à la chose qu'on a *in bonis*, mais seulement à celle dont on a le domaine Quiritaire, puisque le *bonorum possessor* qui a les choses héréditaires seulement *in bonis* et n'en a pas le domaine Quiritaire est incapable de *intendere suam esse rem defuncti* (G. C. III, § 80 et 81)? Ulpien (6, § 2, *de confessis*), et Paul (6, § 2, *de rei vindic.*), si nous voulions, nous en fourniraient d'autres preuves.

D'autres auteurs conçoivent une action *in rem* fictice comme la Publicienne, mais reposant sur une fiction différente et variant suivant les cas, qui tiendrait la mancipation pour accomplie ou la qualité d'héritier pour existante, suivant qu'il s'agirait de l'acquisition d'une chose *mancipi* par simple tradition, ou de *bonorum possessio*, ou de *bonorum emptio*. Malheureusement aucun texte ne nous présente la formule ainsi modifiée, et d'ailleurs les fictions sur lesquelles on la fonde nous semblent bien moins naturelles que celles de l'usucapion achevée. L'usucapion en effet s'appliquait à l'un et l'autre cas; Gaïus le dit en termes formels. Or, on convient que si le possesseur de bonne foi perdait la possession avant le temps requis, le préteur feignait l'usucapion accomplie et lui accordait le secours de la Publicienne ; pourquoi donc penser qu'il l'aurait refusée à celui qui avait acquis du propriétaire lui-même, mais par simple tradition, une chose *mancipi ?* Le droit civil les considérait tous deux comme non propriétaires et de la même façon; on concevrait donc avec peine que le préteur eût fait une différence; leur droit entaché d'un vice pareil dut aussi recevoir un remède pareil.

Ne différant de la revendication qu'à raison du fondement sur lequel elle repose et de la preuve qu'elle exige, la Publicienne contient tout ce que contient la revendication (*h. l.* 7, § 8, et L. 35, *pp.*, *de oblig. et act.*). Ainsi, on poursuivra avec elle une partie aussi bien que la totalité de la chose, les débris, les restes de la chose aussi bien que la chose elle-même. Elle s'appliquera à l'usufruit et aux servitudes réelles, rustiques ou urbaines. Action prétorienne, elle protége la propriété prétorienne, comme la revendication, action civile, garantit la propriété civile. La ressemblance est complète et on appliquera à la Publicienne tout ce qu'on applique à la revendication concernant la détérioration et la perte de la chose, les fruits et les impenses.

C'est une action arbitraire; le juge, avant de condamner, ordonnera donc au défendeur, en vertu de son *arbitrium*, de restituer la chose au demandeur; le défendeur sera absous, s'il fait volontairement cette restitution et qu'elle soit jugée suffisante. Pour être suffisante, elle devra comprendre avec la chose tous les fruits perçus depuis la *litis contestatio*. Quant à ceux perçus auparavant, consommés ou non, le possesseur de bonne foi, selon nous, en restait propriétaire dans le droit classique. Le droit de Justinien distingue suivant que le défendeur est ou non de bonne foi. De mauvaise foi, il doit restituer tous les fruits perçus séparés du sol, consommés ou non; de bonne foi, il n'est tenu que de ceux qui ont été perçus et non consommés (C. 22, *de rei vindic.*, D. 48, *pp.*, *de adq. rer. dom.*, et Inst. II, 1, § 35). De son côté, le défendeur qui a possédé de bonne foi aura un droit de rétention, qu'il exercera au moyen de l'exception de dol, pour obtenir le remboursement des dépenses nécessaires et utiles qu'il aura faites, du moins en règle générale, car certaines considérations pourraient amener le juge à en arbitrer autrement (D., L. 27, § 5, et 38, *de rei vindic.*); mais s'il a possédé de mauvaise foi, les textes ne lui donnent droit qu'aux impenses nécessaires (D., 37, *de rei vindic.*; Instit. II, 1, § 30; C., L. 5, *de rei vindic.*); aucunes même ne lui seront remboursées si sa possession a été violente ou furtive (D., 13, *de condict. furtiva*).

Mais cette restitution peut être ou incomplète par suite de détérioration, ou impossible à cause de la perte de la chose, ou enfin refusée par le défendeur; que se passera-t-il dans ces diverses hypothèses? En cas de détérioration, le juge en tiendra compte et fixera une indemnité, qui variera suivant qu'il y aura eu bonne ou mauvaise foi avant la *litis contestatio;* mais après, la responsabilité pèse sur le possesseur de bonne comme sur le possesseur de mauvaise foi (D., 36, § 1, *de rei vindic.*); car, sans constituer de mauvaise foi, elle doit tenir en éveil, jeter le doute dans l'esprit et avertir qu'on peut avoir à restituer la chose. Quant à l'indemnité arbitrée par le juge, le demandeur pourra la poursuivre, à son choix, par la Publicienne ou l'action de la loi Aquilia.

La restitution peut être rendue impossible par la perte de la chose; en pareil cas il y a des distinctions à faire : survenue après la *litis contestatio* par le dol ou la faute du défendeur, elle le constitue toujours responsable. Mais si cette perte est arrivée sans sa faute, on doit distinguer s'il était ou non en demeure; s'il n'est pas en demeure, si sa résistance est juste, *si sine dolo malo ad judicium provocat, non videtur moram facere*, il n'est pas responsable (D. 63, *de reg. jur.*); s'il est en demeure, il répond des événements qui ont amené la perte de la chose et ne l'auraient pas frappée chez le demandeur. Toutefois, même après la perte de la chose, la sentence du juge doit encore intervenir à raison des accessoires de la chose.

En cas de refus, le juge peut faire enlever la chose et faire remettre de force le demandeur en possession avec le concours des *officiales, lictores* ou *viatores* (D. 68, *de rei vindic.*); le demandeur peut toutefois, s'il le préfère, demander des dommages-intérêts suivant son *jusjurandum in litem*.

Si les points de ressemblance sont nombreux

entre la Publicienne et la revendication, son analogie avec l'usucapion n'est pas moins grande; on ne doit donc pas s'étonner si, en dehors de la question de temps, sur laquelle a porté l'innovation du préteur, on retrouve maintenues pour la Publicienne les autres conditions exigées pour l'usucapion.

## CHAPITRE II.

### CONDITIONS REQUISES POUR L'EXERCICE DE LA PUBLICIENNE.

Ces conditions sont : la juste cause, la bonne foi, la possession et l'absence de vices. Nous allons les examiner successivement.

### SECTION Ire.

### *De la juste cause.*

La juste cause est le fait qui détermine le but de la tradition et lui donne la vertu de transférer la propriété, qui dénote chez le *tradens* l'intention certaine de faire cette translation de propriété, et autorise l'*accipiens* à la posséder comme propriétaire; il le devient en effet immédiatement, à moins qu'un obstacle dans la qualité de la chose ou dans le pouvoir du *tradens* ne rende l'usucapion nécessaire pour arriver à la propriété. Cette juste cause doit-elle servir de fondement à la demande ou à la tradition? C'est une question qui nous semble aisée à résoudre, quoique certains auteurs, Zimmern entre autres, aient élevé des doutes sur ce point, et aient invoqué les mots : *ex justa causa petet* de la loi 3, § 1, *h. t.*, pour soutenir que c'était la demande et non la tradition qui devait se fonder sur la juste cause. Pour nous, nous voyons là une citation tronquée; les mots *ex justa causa petet* doivent être entendus dans le sens qu'ils ont dans l'édit tout entier; aucun doute en effet ne peut exister dans le *pr*. de la loi 1, *h. t.*; et le commentaire fait par Ulpien lui-même dans la suite de ce § 1 de la loi 3, « *Qui igitur justam causam traditionis habet, utitur Publiciana,* » et le § 36 du C. IV de Gaïus : « *Datur autem hæc actio ei qui ex justa causa traditam sibi rem nondum usucepit eamque amissa possessione petit,* » ne peuvent laisser aucun doute et prouvent bien que la *justa causa* doit servir de base à la tradition et non à la demande.

Toutes les fois donc (Gaïus, L. 13, *pp. h. t.*) qu'ayant acquis la possession de quelque chose en vertu d'une juste cause d'acquisition de la propriété, nous l'avons ensuite perdue, on nous donnera la Publicienne pour poursuivre cette chose. La Publicienne n'a donc pas lieu pour toute possession juste, mais pour toute possession fondée sur une juste cause d'acquisition de la propriété. Ainsi, le créancier gagiste aussi bien que celui qui s'est fait transporter la possession à précaire (D. 4, § 1, *de precar.*) ont une juste possession; mais comme en se faisant transférer la possession, ils n'ont pas entendu acquérir un droit de propriété et reconnaissent même ce droit de propriété dans la personne d'un autre, ils ne sont admis ni à l'usucapion, ni à la Publicienne. De même encore, si une épouse livre, pour cause de donation, une chose à son époux, celui-ci n'aura pas la Publicienne, parce que la propriété ne peut pas être transférée d'un époux à l'autre *donationis causa*, et que la juste cause de possession qui nous fait acquérir la Publicienne, est celle qui nous eût fait acquérir la propriété si notre auteur eût été propriétaire, ou si la chose eût été *nec mancipi* (L. 12, *h. t.*). Entre fiancés, au contraire, la tradition faite pour la même cause vaudrait pour la Publicienne, car entre fiancés les donations ne sont pas interdites.

Le legs, si de bonne foi le légataire s'est mis en possession de la chose qui lui a été livrée *a non domino*, constituera aussi une juste cause; la donation à cause de mort également. Sur cette dernière de grands doutes s'élèvent sur le point de savoir si elle transfère, comme le pense Cujas (Observ. X, 28), ou non, comme nous inclinerions à le croire, la propriété sans tradition; quoi qu'il en soit, dénotant l'intention de transférer la propriété, elle peut bien fonder la revendication prétorienne, comme elle fonde la revendication civile. Remarquons, toutefois, qu'il y a deux sortes de donations à cause de mort : la *donatio pura quæ sub conditione resolvitur*, ou sous condition résolutoire, comme nous le dirions aujourd'hui, et la donation sous condition suspensive, et qu'entre elles il importe de distinguer quant au moment où la juste cause existe. Dans la donation sous condition suspensive, le donataire n'est investi de la propriété qu'à la mort du donateur; la possession utile pour la Publicienne ne commence donc pas du vivant du donateur, si la chose a été livrée *a non domino*, car il manque un élément nécessaire, la juste cause. Dans la donation sous condition résolutoire, au contraire, il y a une juste cause, qui, par suite de la tradition, produit ses effets immédiatement.

Celui qui a reçu la livraison d'une chose à titre de dot (*h. t.*, L. 3, § 1), et qui ne l'a pas encore usucapée, peut user de la Publicienne, que la chose ait été estimée ou non; seulement s'il y a eu estimation, le mari possédera et usucapera *pro emptore*, et, le cas de restitution échéant, il devra le prix et non la chose qui est en dòt; si, au contraire, elle n'a pas été estimée, il possédera et usucapera *pro dote*, et, en cas de restitution, il sera redevable de la chose et non du prix; dans les deux hypothèses, du reste, il aura la Publicienne.

La tradition d'une chose *ex causa judicati* constitue également une juste cause (*h. t.*, L. 3, § 1). Mais dans quels cas peut-on dire qu'une chose a été livrée *ex causa judicati*, dans quels cas un jugement constitue-t-il une juste cause ? Sur ce point nous rencontrons des difficultés sérieuses. On a soutenu d'une façon générale que le jugement constituait une juste cause; certains auteurs ont cru voir dans tout jugement les éléments nécessaires pour constituer des droits à l'usucapion et à la Publicienne; cette opinion nous semble difficile sinon impossible à soutenir; en effet, le jugement est déclaratif, non translatif de droit; la chose jugée n'est pas la source, elle n'est que la preuve d'un droit, elle proclame un titre, un droit préexistant, mais elle ne le crée pas. Dans un jugement, où est l'*auctor ?* est-ce le juge ? Mais ce serait lui faire injure que de voir en lui un dispensateur de la propriété d'autrui. Est-ce donc le défendeur qui n'a agi que contraint et forcé ? Non, le titre d'acquisition n'est pas là; pour le rencontrer, il faut remonter jusqu'au titre primitif que le jugement est venu sanctionner. Les arguments de texte que l'on nous objecte nous semblent peu concluants. On argumente de l'analogie du jugement avec la transaction, on invoque les lois 8 au C., *de usucap. pro empt.*, et 29, D, *de usurp. et usucap.*; la transaction y est représentée, il est vrai, comme une juste cause de possession pour l'usucapion; mais, avec le cas qui nous occupe, l'analogie n'est pas exacte. Dans la transaction chacun fait un sacrifice de quelque droit qu'il a ou croit avoir; il y a toujours une intention de transférer la propriété, qui n'existe jamais chez le défendeur qui succombe dans la revendication. On nous oppose encore la loi 33, § 3, *de usurp. et usucap.*; l'argument tiré de cette loi se réfute par cette loi elle-même. Un possesseur, menacé de revendication, cède son fonds; il reconnaît donc le droit de son adversaire, il ne peut avoir l'intention de lui transférer un droit de propriété, et cependant Julien nous présente cette cession comme une juste cause d'usucapion; pourquoi n'en pas dire autant, nous dit-on, du cas où le défendeur restitue la possession au demandeur en vertu d'un jugement? A cela nous répondrons qu'il y a là une transaction, un sacrifice fait pour éviter les ennuis d'un procès, et nous invoquons à l'appui de cette opinion le second exemple du même texte, où les mots *cedere possessione* sont suivis de *si solvendi causa id fecerit*, ce qui indique bien que cette cession a pour but de transférer la propriété, puisque c'est le seul moyen d'acquitter une obligation contractée par stipulation. *Cedere possessione* ne signifie donc pas restituer la possession, comme le fait le défendeur qui succombe dans la revendication, mais céder la possession pour transférer la propriété.

Mais alors dans quelle hypothèse le jugement constitue-t-il une juste cause ? Ce sera dans les actions personnelles, qui toutes donnent lieu à une condamnation pécuniaire. Le défendeur, il faut le supposer, a payé avec des écus qui ne lui appartenaient pas, ou a donné au demandeur, de son consentement, la chose d'autrui. Le demandeur de bonne foi pourra usucaper, il usucapera *pro judicato*. Ce sera également dans les cas où, dans l'action réelle, le défendeur, faute de restitution, sera condamné à l'estimation de la chose ; ainsi, dans quelques actions de bonne foi comme l'action *empti*, ou arbitraires comme l'action *quod metus causa*. Dans ces actions, le juge déclare le défendeur obligé de transférer la propriété d'une chose, lui ordonne d'exécuter cette obligation, et ne le condamne qu'au cas où il n'a pas exécuté l'ordre rendu en vertu de l'*arbitrium* ou du pouvoir que laisse au juge la mention *ex bono et æquo*. Des actions de bonne foi. Si donc, en pareil cas, le défendeur, pour éviter la condamnation, livrait la chose elle-même, le demandeur commençait bien à posséder *ex causa judicati*, et il avait droit à la Publicienne. Telle est, selon nous, l'explication la plus plausible des derniers mots de la loi 3, § 1; explication toutefois qui restreint à des cas particuliers une disposition que le texte semble présenter comme générale.

Il y a une juste cause dans la tradition faite *solvendi causa* (*h. t.*, L. 4); et peu importe qu'on ait livré la chose même qui était due, ou une autre agréée en remplacement par le créancier (L. 46, *de usurp.*); peu importe enfin que la créance ait ou non existé, dès lors qu'on a cru à son existence; car la tradition faite en vertu d'une cause qu'on a crue vraie suffit pour vous autoriser à posséder *pro suo* ce qui vous a été livré (*h. t.*, L. 5, D., L. 3, *pro suo*).

La *noxæ deditio* constitue également une juste cause de tradition (*h. t.*, L. 5). L'abandon de l'esclave fait par le possesseur de bonne foi pour se dispenser de payer la réparation du délit commis par l'esclave, ou la prise de possession par ordre du préteur *ex causa noxali*, (*h. t.*, L. 6) quand le maître ne défend pas son esclave, permettra au nouveau possesseur d'usucaper, et partant d'exercer la Publicienne.

De cette *ductio* nous rapprocherons l'envoi

en possession par le second décret du préteur *ex causa damni infecti.* C'est encore une juste cause de possession (D., L. 15, § 16 et 18, § 15, *de damni infecti*). Une maison menace ruine, et le propriétaire refuse de donner caution de réparer le dommage que pourrait causer sa chute; le préteur alors, par un premier décret, envoie le propriétaire de la maison voisine en possession *custodiæ causa*, et après quelque temps l'autorise à posséder par un second décret; mais il ne le peut rendre propriétaire *ex jure Quiritium :* il ne peut que le mettre en position d'usucaper; et, en attendant l'usucapion, il lui donne la Publicienne.

Celui à qui une chose a été *adjugée*, a aussi une juste cause pour intenter la Publicienne (*h. t.*, L. 7, *pp.*). Dans les trois actions divisoires, le juge a le pouvoir de transférer la propriété de la chose qu'il adjuge ; l'adjudicataire devient dès lors propriétaire exclusif de la chose auparavant commune. Si donc l'action en partage s'était engagée par erreur sur des fonds appartenant à autrui, l'usucapion serait accordée à l'adjudicataire, et par suite la Publicienne. Le droit anti-Justinien nous fournirait encore une seconde hypothèse où l'adjudication devait constituer une juste cause de possession : ce serait le cas où une adjudication aurait été prononcée dans un *judicium imperio continens*, ainsi qu'il semble résulter du rapprochement de deux textes de Paul (*Vatic. Fragm.*, § 47, et D., L. 44, § 1, *fam. ercisc.*).

Celui qui offre *l'estimation du procès*, ou y est condamné faute de restituer la chose revendiquée, est censé avoir acheté la chose (*h. t.*, L. 7, § 1); il la possède *pro emptore*, et deviendra propriétaire par l'usucapion si elle est *res mancipi* ou appartient à un tiers : il aura donc la Publicienne. Si cette restitution ne peut se faire par sa faute, l'assimilation à une vente n'en subsiste pas moins (D., 47 et 63, *de rei vindic.*); mais en cas de dol, l'estimation fixée par le *jusjurandum in litem* n'est plus assimilée à un prix d'achat, mais à une peine; et le défendeur ne pourra se faire donner caution par le demandeur de lui céder les actions *in rem* ou *ad exhibendum* qu'il a à raison de cette chose (D., L. 69, *de rei vindic.*).

Celui qui a acheté d'un fou (*h. t.*, 7, § 2), ignorant la démence de son vendeur, peut usucaper, et par suite exercer la Publicienne; car l'erreur plausible de fait équivaut à l'existence même d'une juste cause. Remarquons toutefois la contradiction formelle de la loi 2, § 16, *pro emptore*, de Paul, avec notre texte d'Ulpien. On a en vain essayé de concilier ces deux textes; on a dit que l'acheteur n'aurait de juste cause que vis-à-vis des tiers; car, dit-on, entre le vendeur et l'acheteur, la vente est nulle, et par suite l'acheteur ne pourra opposer la réplique *rei venditæ et traditæ* à l'exception *justi dominii*, actionnèr son vendeur en garantie, pour cause d'éviction, ni joindre la possession de celui-ci à la sienne propre.

Celui qui a reçu une chose pour quelque cause lucrative (*h. t.*, 7, § 3) a la Publicienne. Le donataire l'a même contre le donateur; à l'exception *justi dominii*, il opposera la réplique *rei donatæ et traditæ*.

Si quelqu'un a acheté d'un mineur, qu'il ignorait être tel, il a la Publicienne (*h. t.*, 7, § 4). On sait que sur la capacité du mineur pubère il y a deux opinions principales. Pour nous, inclinant à celle qui lui permet de s'obliger sauf *restitutio in integrum*, en lui interdisant, toutefois, d'aliéner, nous dirons que, dans notre espèce, il y a une juste cause; que seulement le pouvoir d'aliéner manque, mais qu'il est suppléé par la bonne foi de celui qui croyait recevoir la chose d'un majeur (D. 101 et 141, § 2, *de verb. oblig.*, et 43, *de oblig. et act.; contra*, C., L. 3, *de in integr. restit.*).

Le *serment* (*h. t.*, L. 7, § 7) constitue également une juste cause au profit du défendeur qui a juré que la chose était sienne. L'effet de ce serment reste, bien entendu, renfermé entre les parties; l'action ne peut être intentée que contre le demandeur et ses successeurs (D., L. 9, § 7, *de jurejur.*). Mais quelle sera cette action? Ulpien, autre part (D., L. 11, § 1, *de jurejur.*), l'appelle une action *in factum*. Le juge aura à examiner le point de fait si le demandeur a prêté le serment déféré par son adversaire, s'il a juré que cette chose était sienne. Cette action, comme l'action primitive *in rem*, qu'elle vient suppléer, procure la restitution de la chose, les fruits et autres accessoires. Elle produit les mêmes résultats que la Publicienne; aussi dans notre texte Ulpien lui en a donné le nom.

L'acheteur de bonne foi a une juste cause de possession (*h. t.*, L. 7, § 11); mais la vente a cela de particulier que l'achat en vertu duquel se fait la tradition doit avoir vraiment existé (D., L. 2, *pp.*, *pro emptore*). Cette différence de droit avait amené une différence d'expression: dans la vente, la tradition faite par le vendeur constituait une possession *pro emptore*, dans tout autre contrat elle constituait une possession *pro soluto*. La raison de cette différence nous semble être celle-ci : la vente, dans le droit primitif, fut un mode de transférer la propriété plutôt qu'un mode de contracter une obligation. Elle se faisait alors par la mancipation, qui transférait la propriété sans la tradition. La tradition faite par suite d'une vente ne constituait donc pas un payement, mais remettait seulement à l'acheteur la possession d'une chose qui lui appartenait déjà. On conçoit donc qu'en l'absence d'une vente véritable il n'y eût pas de juste cause possible. L'édit ne parle pas de prix payé, d'où il semble, nous dit Gaïus (*h. t.*, L. 8), que la pensée du préteur n'était pas qu'on dût examiner si le prix avait été acquitté ou non. Toutefois, rien ne prouve que ce fût là la décision à laquelle s'arrêta Gaïus, et les textes des jurisconsultes classiques semblent même prouver que ce n'était pas là l'opinion dominante (D. 72, *de rei vindic.*; 4, § 32, *de doli mali et met. exc.*; 2, *de exc. rei vend.*). Le payement du prix, en effet, est une condition essentielle pour que l'acheteur qui n'a pas obtenu crédit puisse acquérir la propriété par l'usucapion, quand la tradition n'a pas pu la lui transférer à l'instant (D. 19 et 53, *de contr. empt.*). De plus, pour l'usucapion et la Publicienne, il ne suffit pas d'avoir acquis la possession, il faut avoir cru devenir propriétaire; or, quand on n'a pas payé le prix et que le vendeur n'a pas suivi votre foi, il est impossible qu'on se croie devenu propriétaire (*h. t.*, L. 7, § 17). Voët, cependant, et Pothier pensent que le payement du prix n'est pas une condition nécessaire pour exercer la Publicienne.

La tradition faite malgré le maître par un procureur (*h. t.*, L. 14) qui avait vendu avec son consentement, est une juste cause pour la

Publicienne, si l'acheteur vient à perdre la possession. Il est bien entendu que l'acheteur a payé ou est prêt à payer son prix, ou qu'il a obtenu crédit, car autrement, la défense de livrer la chose faite avant le payement du prix paralyserait l'exception *rei voluntate venditæ* que l'acheteur opposerait au propriétaire.

La vente d'une hérédité constitue une juste cause de possession, au point de vue même de chacun des objets particuliers de cette hérédité (*h. t.*, L. 9, § 3). Il y avait eu doute sur ce point, parce que dans la vente d'une hérédité, l'objet vendu c'est l'universalité et non chacune des choses héréditaires en particulier ; mais on a pensé que la Publicienne devait compéter en pareil cas; car en vendant l'hérédité, l'héritier a vendu tout ce qui lui appartenait comme héritier, ni plus ni moins, et est obligé de livrer à l'acheteur les choses héréditaires.

Remarquons, en terminant, que cette juste cause n'a pas besoin d'être réelle : il suffit seulement de prouver qu'on a été induit en une erreur plausible, ou qu'on s'est trouvé dans des circonstances telles qu'un homme sensé a pu croire à l'existence d'une juste cause.

## SECTION II.

### *De la bonne foi.*

La seconde condition exigée pour l'exercice

de la Publicienne, c'est la bonne foi. Parfaitement distincte de la juste cause, la bonne foi n'est pas la croyance que l'on est soi-même propriétaire, c'est la croyance que celui qui livre la chose a le droit de transférer la propriété soit comme propriétaire, soit comme fondé de pouvoir du propriétaire (D. 109, *de verb. signif.*). Gaïus (C. 2, § 43) en fait deux conditions distinctes de la Publicienne. Ulpien, dans notre titre (L. 7, § 11 et 16), les commente séparément, et tout fait présumer que l'édit du préteur devait en contenir la double mention. Ce n'est pas d'ailleurs là seulement une question de théorie, les conséquences pratiques en sont fort importantes. En effet, pour ceux qui, confondant ces deux conditions, pensent que pour l'usucapion la bonne foi réunie à la possession durant le temps requis est suffisante, il suffit, pour intenter la Publicienne, de prouver sa possession, puisque la bonne foi se présume. Pour ceux, au contraire, qui, comme nous, en font deux conditions distinctes, il y a deux preuves à faire : il faut prouver outre sa possession la juste cause de cette possession.

L'acheteur, pour intenter la Publicienne, doit avoir été de bonne foi (*h. t.*, L. 7, § 15); mais il n'est pas nécessaire que le vendeur le fût aussi; son dol ne nuit point à l'acheteur, à moins qu'il n'imprime à la chose le vice de *res furtiva* et la rende ainsi non susceptible d'usucapion et d'action Publicienne.

Mais ce n'est pas là une condition qui doive accompagner la possession dans toute sa durée, comme lorsqu'il s'agit de l'acquisition des fruits. Il suffit d'avoir été de bonne foi au moment de la tradition ; la mauvaise foi qui survient après la prise de possession n'empêche ni l'usucapion ni la Publicienne. Ainsi, on peut avoir succombé dans la revendication, avoir ainsi acquis la certitude qu'on n'était pas propriétaire, et conserver néanmoins la faculté d'exercer la Publicienne (L. 39, § 1, *de evict.*). Cependant, nous devons signaler à cette règle plusieurs exceptions (*h. t.*, L. 7, § 17, et L. 48, *de usurp. et usucap.*). Ainsi, dans la vente, au lieu de ne tenir compte, comme dans les autres contrats, que du moment du payement, sans se préoccuper du moment de la stipulation, on exige la bonne foi au moment où se fait la vente et au moment de la tradition. C'est là une différence importante ; quelle en est la raison? C'est que l'édit sur la Publicienne, comme les lois sur l'usucapion, mentionnait la *bonæ fidei emptio*, indépendamment de la mention générale de la *traditio ex justa causa*. Il est vrai que la loi 1 (*pp. h. t.*), qui donne la formule de l'édit, ne contient pas la mention que nous signalons, mais ce fragment ne donne pas le texte pur d'Ulpien; il a été remanié par Tribonien, qui l'a mutilé pour le mettre en harmonie avec le droit en vigueur sous Justinien; nous n'en voulons d'autre preuve qu'un autre fragment, tiré d'Ulpien également (*h. t.*, L 7, § 11), où ces mots sont reproduits formellement comme faisant partie du texte même de l'édit. Cette rédaction nous semble expliquer la nécessité de la bonne foi au moment de la vente. Une autre raison, que déjà nous avons signalée, c'est que dans le principe, la vente n'était qu'un mode de translation de propriété, et se faisait par la mancipation, laquelle transférait la propriété sans tradition. La bonne foi était exigée au moment de la tradition, suivant la règle générale, et, de plus, au moment de la vente, car la bonne foi était de rigueur au moment où l'on acquerrait la propriété, si le vendeur était le véritable propriétaire. Cette question, d'ailleurs, paraît avoir divisé les jurisconsultes des deux grandes écoles; nous avons exposé l'opinion des Sabiniens qui semble avoir prévalu (D., L. 10, *de usurp. et usucap.*).

Quelques auteurs vont même plus loin : ils exigent la bonne foi au moment où la Publicienne est intentée; et à l'appui de cette opinion ils invoquent la loi 7, § 17, *h. t.* Ils font rapporter *tunc* au mot *experiri* qui précède, et en concluent que l'acheteur doit être encore de bonne foi à une troisième époque, au moment où il intente l'action. Cette interprétation, qui nous semble inexacte, a le grand tort de mettre Ulpien en contradiction avec lui-même. Ulpien en effet (*h. t.*, L. 7, § 14) nous dit dans la même loi que la Publicienne se rapporte au temps de l'achat, et que ni le dol qui l'a précédé, ni le dol qui l'a suivi ne doit être pris en considération. N'est-ce pas dire implicitement que la bonne foi n'est pas de rigueur au moment où l'action sera intentée? Et on ne saurait croire que dans la même loi Ulpien aurait ainsi modifié son sentiment et se fût donné de la sorte un démenti. D'ailleurs, qu'on lise le § 16 de notre loi, on verra qu'Ulpien résumant sa doctrine, ne mentionne pas la nécessité de la bonne foi à cette troisième époque, quand, exposant *ex professo* les conditions de la Publicienne, il dit que pour que la Publicienne compète, il faut le concours de ces deux conditions, achat fait de bonne foi, et livraison à ce titre, mais qu'il se borne à dire qu'on ne saurait intenter la Publicienne avant la tradition, encore bien qu'on fût acheteur de bonne foi. Nos adversaires nous objectent encore la loi 11, § 3, *h. t.* Ulpien y dit : Quelquefois pourtant, encore bien que la mère volée n'ait pas été vendue, mais donnée à moi qui l'ignore, si elle a conçu et est accouchée chez moi, la Publicienne me compète pour le part, si *eo momento quo experiar* j'ignore que la mère a été volée. Une correction proposée par Cujas, adoptée également par Voët et Pothier, ferait cesser la contradiction entre ce texte et les précédents. Mais la substitution des mots *et pariat* au mot *experiar* est rendue impossible par le texte formel des Basiliques et la paraphrase de Stéphane. Il nous faut donc conserver le texte tel quel, et rechercher avec soin quelle peut être la cause de cette disposition. Repoussant également l'explication de Doneau reproduite par Gluck, nous verrons dans notre texte, non pas une règle générale, mais une hypothèse particulière. Il s'agit ici d'une règle spéciale à l'usucapion *pro donato*. Pour les choses reçues à titre gratuit, quelques jurisconsultes exigeaient la persistance de la bonne foi pendant tout le temps de l'usucapion (C. L. 1, *de transf. usucap.*), et c'est sans doute par application de cette doctrine sur l'effet interruptif de la mauvaise foi survenue pendant le cours d'une possession commencée à titre gratuit, que notre loi 11, § 3, renferme ces mots : *eo momento quo experiar*. C'est là une particularité de l'usucapion *pro donato*, comme la nécessité de la bonne foi lors du contrat pour la possession *pro emptore*.

Nous avons vu les cas où la possession est acquise par l'acheteur lui-même ; il peut se faire qu'elle lui soit acquise par le fait d'un tiers. La bonne foi de ce tiers est toujours nécessaire, pour qu'on puisse intenter la Publicienne ; sa bonne foi même ne suffit pas, il faut en outre la bonne foi du représenté ; en effet, il ne pourra profiter de la bonne foi du tiers son esclave ou son fils, qu'autant que lui-même sera de bonne foi, au moment où commencera la possession *ad usucapionem* ; ce moment variera, bien entendu, suivant que l'acquisition aura été faite *peculiari nomine*, ou *domini vel patris nomine*.

En cas de mandat, il importe de faire des distinctions : si le mandataire a agi dans les limites de son mandat, la bonne foi du mandant est exigée au moment même de la tradition faite au mandataire, à la ratification de l'acte, si le mandataire a excédé ses pouvoirs et agi de son propre mouvement (Paul. *Sent.*, 5, 2, § 2. *Instit.*, II, 9).

La possession du défunt peut être continuée par son héritier ou tout autre successeur universel, comme le *bonorum emptor*, et on observe, en ce cas, les règles tracées pour la continuation de la possession. Remarquons que, quoi qu'il en soit, pour la vente, la bonne foi est exigée à deux époques successives, lors du contrat et lors de la tradition (*h. t.*, L. 9, *pp.*).

### SECTION III.

### *Nécessité de la possession.*

Une troisième condition est exigée pour la Publicienne : c'est la possession ; toutefois c'est une question controversée.

Quelques auteurs, parmi lesquels nous citerons Vinnius, Gluck, Puchta et Van Gerow, pensent que dans les cas où, sans avoir pris possession, vous auriez acquis la propriété et eu un droit à la revendication, si votre auteur eût été propriétaire, vous aurez de même, sans être entré en possession, droit à la Publicienne, si votre auteur n'étant pas propriétaire, vous l'avez cru tel. Le préteur, il est vrai, ajoutent ces jurisconsultes, en ne mentionnant dans son édit que la tradition et l'usucapion, semble n'avoir permis la Publicienne qu'à celui qui s'est trouvé en position d'usucaper. Mais de ce que le préteur n'a prévu que les cas les plus ordinaires, doit-on conclure qu'il refuse ce secours à ceux qui auraient eu sujet de se croire devenus propriétaires par un autre mode d'acquisition ? D'autres au contraire, comme Cujas, Voët et Savigny, exigent pour l'exercice de la Publicienne la tradition effective de la chose, ou au moins une prise de possession non vicieuse. Papinien (D. 8, *pro legato*) nous dit en effet : « Si non traditam possessionem sine vitio « ingrediatur legatarius, legatæ rei usucapio « competit. » Le légataire peut s'être mis lui-même en possession, mais d'accord avec l'héritier ; car autrement l'interdit *quod legatorum* pourrait le contraindre à lui restituer la possession ; il est bien entendu que pour assimiler cette prise de possession à une tradition, il faut que l'héritier lui-même soit entré en possession. Cette dernière opinion nous semble préférable, elle s'appuie sur le principe même qui sert de base à la Publicienne et ne fai' naître la Publicienne, qu'autant que le cours de l'usucapion a commencé. En parfaite harmonie avec la fiction prétorienne qui a créé la Publicienne, elle se fonde en outre sur de nombreux textes du Digeste. Nous lisons dans notre titre (L. 1) : « Ait prætor : si quis id quod traditur « ex justa causa non a domino et nondum usu« captum petet, judicium dabo. » Nous voyons encore dans la loi 7, § 16, *h. t.* ; « Ante traditio« nem, quamvis bonæ fidei quis emptor sit, « experiri Publiciana non poterit. » La fiction même sur laquelle repose la Publicienne est une preuve du point que nous avançons : « Ju« dex esto : si quem hominem A.A. emit, et is « cui *traditus est*, anno possedisset, tum si eum

« hominem de quo agitur ejus ex jure Quiri-« tium esse oporteret. » Gaïus (C. IV, § 36) dit, en parlant de cette action : « Fingitur rem usu-« cepisse, et ita quasi ex jure Quiritium domi-« nus factus esset ; » et Justinien (*Instit.*, IV, 6, § 4) : « Inventa est a prætore actio in qua di-« cit is, qui possessionem amisit, eam rem se « usucepisse et ita vindicat suam esse. » La base de la Publicienne est donc, on le voit, une usucapion tenue pour accomplie ; or, la posses-sion est la base de l'usucapion ; « Sine posses-« sione usucapio contingere non potest » (D. 25, *de usurp. et usucap.*). Gaïus n'est pas moins formel (C. II, § 41 et 43). Comment donc alors, ceci posé, admettre que la possession n'est pas rigoureusement exigée pour intenter la Publi-cienne, et quels sont donc les arguments si puissants qu'on nous oppose?

On invoque d'abord la loi 15 *h. t.*, où Pompo-nius décide que si mon esclave, pendant qu'il était en fuite, a acheté une chose *a non domino*, la Publicienne devra me compéter, « *licet pos-« sessionem rei traditæ per eum nanctus non sim.* » Pothier, pour éclaircir ce texte, donne deux explications différentes qui nous semblent inad-missibles; nous préférons, avec Cujas et Savigny, répondre que dans la phrase que nous venons de citer, le mot *possessio* doit s'entendre de la possession naturelle, de la détention corporelle; car Paul (D., L. 1, § 14, *de adq. vel amitt. poss.*) nous atteste que nous possédons l'esclave qui s'est enfui, tant qu'un autre ne le possède pas, et ajoute que *utilitatis causa*, il a été admis qu'on acquerrait par lui la possession et l'usucapion; on décidera donc que la Publicienne compète ici, non pas quoique le maître ne possède pas, mais quoique, à raison de son éloignement, il n'ait pas eu la détention naturelle et que la chose ait passé dans les mains de son esclave, il est vrai, mais non encore dans les siennes. On invoque en outre la loi 1, § 2, *h. t.*, qui nous parle du legs. Mais ce texte ne prouve rien; car il se continue dans la loi 2, où on lit: « *Amissa possessione, competit Publiciana*; » et loin de nous être défavorable, il militerait plutôt en faveur de notre opinion.

On argumente aussi des mots *non admissus* de la loi 18, § 15, *de damno infecto*. Ici encore on interprète mal le texte; il faut ne pas s'en tenir à un mot isolément, mais voir l'ensemble; or la loi parle de quelqu'un qui a commencé à posséder, et on ne doit pas oublier que l'interdit *unde vi*, accordé par cette loi, exige, pour être exercé, la possession comme condition indispensable; d'ailleurs, qu'on rapproche de ce texte la loi 3, § 14, *de vi*, et on verra que *non admissus* s'entend non pas de quelqu'un qu'on a empêché d'entrer, mais de quelqu'un qu'on empêche de rentrer dans le fonds, ce qui abonde encore dans notre sens.

On peut encore, fort de l'autorité de Vinnius, invoquer la loi 12, § 1, *h. t.*, qui décide que celui à qui une hérédité a été restituée en vertu du sénatus-consulte Trébellien, bien qu'il n'ait pas obtenu la possession, peut user de la Publicienne; mais on ne saurait conclure de là qu'on puisse, sans avoir eu la possession, user de la Publicienne; cette phrase de Paul n'est que l'application du principe consacré par la loi 7, § 9, *h. t.*, qui déclare que la Publicienne compète à l'héritier et aux successeurs prétoriens. Si le défunt était en voie d'usucaper et pouvait user de la Publicienne, ce droit passera, conformément à notre texte, au fidéicommissaire auquel l'héritier aura restitué l'hérédité.

Que si on argumente de la loi 9, § 6, *h. t.*, qui donne la Publicienne à l'héritier pour recouvrer la chose achetée, possédée, puis perdue, pendant que l'hérédité était jacente, par un esclave héréditaire, et aux habitants d'un municipe à l'esclave desquels une chose a été livrée, quoique les municipes ne possèdent pas, nous répondrons que ce n'était que *jure singulari* que l'usucapion avait été admise et la Publicienne étendue à de semblables cas. Papinien nous le dit formellement (D., L. 44, § 3, *de usurp.*). La Publicienne, ici comme toujours, partage les destinées de l'usucapion, et, s'il en était autrement, si la Publicienne pouvait s'exercer sans que l'on eût possédé, que signifierait ce texte où Paul (L. 12, § 7, *h. t.*) nous dit qu'il suffit d'avoir possédé un instant pour intenter régulièrement la Publicienne, alors qu'on pourrait le faire, selon nos adversaires, sans même avoir possédé du tout? Pourquoi, d'ailleurs, tous nos textes relèveraient-ils avec tant de soin qu'il y a eu possession ou qu'elle a été perdue? (*h. t.*, L. 2, 6, 7, § 7, 12 *pp.*) Pourquoi enfin Neratius (*h. t.* 17.) aurait-il dit que la Publicienne a été introduite, pour que celui qui de bonne foi a acheté une chose et en a acquis la possession l'eût de préférence? C'est qu'aux yeux des jurisconsultes la possession était une des conditions essentielles exigées pour la Publicienne.

Il n'est pas nécessaire toutefois qu'on ait acquis la possession par soi-même (*h. t.*, L. 7, § 10); on peut et il suffira de l'avoir acquise par un autre, ainsi un esclave, un fils de famille; on aura l'usucapion, et, en cas de perte de la chose, on pourra intenter la Publicienne. Peu importe d'ailleurs que ces acquisitions aient été faites *peculiari* ou *domini nomine*, seulement le point de départ de l'usucapion sera différent. Ainsi, si l'esclave a acheté *ex causa peculii*, l'usucapion commence immédiatement, même à l'insu du maître, sa volonté supplée celle de son maître ; si, au contraire, l'achat a été fait *domini nomine*, l'usucapion ne saurait commencer avant qu'il ait eu connaissance de cette acquisition.

Cette possession peut encore être acquise par un mandataire, un gérant d'affaires, un tuteur, un curateur. En cas de mandat ou de gestion d'affaires, l'usucapion et le droit à la Publicienne courront à mon profit dès le moment où j'aurai eu connaissance de l'acquisition ; ils courront, au contraire, du moment même de cette acquisition en cas de tutelle ou de curatelle, car à ma volonté s'est substituée celle du tuteur ou du curateur.

Il importe peu d'ailleurs que la chose achetée par le défunt ait été livrée à lui-même ou à son héritier, pourvu que la bonne foi ait existé au moment de l'achat et de la tradition.

La mise en possession le plus souvent suivra le contrat qui oblige à transférer la propriété ; mais enfin il pourrait se faire qu'il y ait eu ce que les jurisconsultes appelaient *nuda traditio*. Cette tradition servira très-bien pour l'usucapion et la Publicienne, seulement à partir du moment où la vente aura eu lieu (*h. t.*, 9, § 2, et 13., *pp.*).

Nous ne suivrons pas la possession dans toutes ses phases, nous ne songeons pas à retracer les divers modes suivant lesquels elle s'acquiert, la façon dont elle se conserve, les causes qui en amènent la perte; nous n'avons voulu l'envisager que comme condition indispensable pour l'exercice de la Publicienne.

## SECTION IV.

### *Absence de vices.*

Nous avons examiné trois conditions requises pour l'exercice de la Publicienne : la juste cause, la bonne foi, la possession ; à ces conditions une dernière doit s'ajouter : il faut que la chose soit susceptible d'usucapion. Et en effet, la Publicienne supposant l'usucapion accomplie, on ne pourrait concevoir que cette fiction s'appliquât à une chose non susceptible d'une usucapion véritable ; ce principe, que la simple logique nous eût enseigné à défaut de droit écrit, est consacré par un texte formel de notre titre (*h. t.*, 9, § 5), qui refuse cette action pour les choses qui ne peuvent être usucapées. Ainsi, elle ne s'applique ni aux choses mobilères *mancipi* ou *nec mancipi* qui ont été volées, ni aux choses immobilières, telles que les fonds italiques dont on a pris possession par violence, ni à l'esclave fugitif, car il est réputé s'être volé lui-même à son maître et est tenu pour une *res furtiva*.

Le part d'une esclave volée (*h. t.*, 11, § 2) est aussi une *res furtiva*, quand l'esclave était déjà enceinte lors du vol, ou l'est devenue chez le voleur, qu'elle accouche chez lui ou chez un possesseur de bonne foi. Si la conception a eu lieu chez l'héritier du voleur, l'usucapion est impossible, l'héritier ignorât-il le vice de la chose, car il succède à tous les inconvénients de la position du voleur. Mais l'acheteur de bonne foi qui, dans ces circonstances, aurait traité avec cet héritier, posséderait cet enfant utilement pour la Publicienne, et *a fortiori* si l'esclave volée avait conçu chez lui. Cette esclave même accoucherait chez un nouveau possesseur, et l'acheteur de bonne foi n'aurait pas, par conséquent, possédé l'enfant, qu'il pourrait encore exercer la Publicienne. Il a possédé la mère, cela suffit, bien que cette mère, comme *res furtiva*, ne pût être l'objet de l'action Publicienne. Supposons le donataire, au lieu d'acheteur de bonne foi, nous nous rappellerons que la bonne foi est, en pareil cas, exigée au moment même de l'action pour pouvoir exercer la Publicienne (*h. t.*, 11, § 3; 7, § 14 et 17).

L'usucapion du part procède de la même cause qui aurait conduit à usucaper la mère, si elle n'avait pas été *res furtiva* (11, § 4, *h. t.*). Le titre auquel on possède la mère est aussi le titre auquel on possède l'enfant. Les règles sur le part de l'esclave volée s'appliquent aussi au part de ce part (*h. t.*, 11, § 5). Ainsi, une esclave volée conçoit et enfante une fille chez le voleur; cette fille vendue ne peut, en tant que *res furtiva*, être usucapée même par l'acheteur de bonne foi; mais si cette fille conçoit et accouche chez le possesseur de bonne foi, son enfant pourra être l'objet de l'usucapion et de la Publicienne.

Le croît des animaux et le part des esclaves ont cela de commun que, pour pouvoir être acquis au possesseur de bonne foi, ils doivent ne pas avoir été conçus chez le voleur; mais ils diffèrent au point de vue de leur acquisition. Le croît de la bête volée appartient au possesseur de bonne foi, dès sa naissance, car c'est un fruit qu'il fait sien en le séparant de la chose qui l'a produit. Le part de l'esclave volée, au contraire, ne s'acquiert que par le temps requis pour l'usucapion. Remarquons toutefois qu'Ulpien (D., 48, § 5, *de furtis*) exige la conception chez le possesseur de bonne foi pour le croît des animaux aussi bien que pour le part de l'esclave, pour qu'on puisse arriver à l'usucapion; tandis que Paul (D., 48, § 2, *de adq. rer. dom.*, et 4, § 19, *de usurp.*), les assimilant à des fruits, ne tient aucun compte de l'époque de la conception, pour s'attacher seulement à celle de la séparation. C'est cette dernière opinion qui semble avoir prévalu.

Les choses du fisc et de l'*ærarium* ne sont susceptibles ni de l'usucapion ni de la Publicienne, à moins pourtant que les biens vacants n'aient été livrés au possesseur de bonne foi avant la dénonciation au fisc (D., L. 18, *de usurp.*).

Les choses incorporelles non susceptibles de possession échappent à la Publicienne comme à l'usucapion; néanmoins, l'usufruit et les servitudes urbaines ou rurales étant susceptibles de quasi-possession, présentent toutes les conditions de l'usucapion et donnent lieu à la Publicienne, bien que le droit civil, dans sa rigueur, en ait interdit l'usucapion (*h. t.*, L. 11, § 1).

Les choses non susceptibles de propriété échappent à l'usucapion comme à la Publicienne. Ainsi, la Publicienne non plus que l'usucapion ne s'appliquera jamais aux choses communes, publiques, saintes, sacrées, ni aux hommes libres; cela se conçoit.

Tout ce qui précède nous montre que la Publicienne suppose l'usucapion accomplie, et que partant elle n'est permise qu'autant que l'usucapion elle-même serait possible; elle est cependant accordée pour les fonds *vectigals* et pour les autres fonds qui ne peuvent être usucapés, pourvu qu'on ait été de bonne foi quand la tradition a eu lieu (*h. t.*, 12, § 2 et 3). Les fonds *vectigals* sont des fonds qui appartenaient au peuple romain, à des cités, etc., et qu'on donnait à des particuliers à perpétuité ou pour un certain temps plus ou moins long, moyennant un *vectigal* ou redevance annuelle consistant en argent ou en fruits. Mais quels sont les autres fonds qui ne peuvent être usucapés? Ce sont sans doute les fonds stipendiaires et tributaires énumérés souvent avec les fonds *vectigals* et les maisons superficiaires; c'est du moins là l'opinion de Cujas. Il s'agit ici d'un possesseur qui, de bonne foi, a reçu tradition de quelqu'un qu'il croyait capable, comme maître du fonds, de lui faire la concession *vectigale* ou superficiaire, ou de lui transmettre, comme concessionnaire régulier, le fonds *vectigal* ou la maison superficiaire. Mais si, en pareil cas, on accorde la Publicienne, que fait-on du texte qui la refuse pour les choses non susceptibles d'usucapion, puisque le *jus agri vectigalis* ou *superficiei* ne pouvait être usucapé? On répond à cela que s'il n'était pas susceptible d'usucapion, on est en droit de supposer qu'il était prescriptible, encore bien qu'aucun texte ne le dise formellement; toujours est-il que celui qui possédait ainsi réunissait toutes les conditions requises pour l'usucapion, et que, s'il n'y parvenait pas, cela tenait à la rigueur de certains principes un peu subtils, et non à un vice inhérent à la chose, à un vice d'ordre public, comme pour les *res furtivæ* ou *vi possessæ*. Il est donc équitable d'admettre ici la Publicienne, et il n'y a pas là antinomie avec la loi 9, § 5; les motifs qui rendent l'usucapion impossible sont bien différents, et tout dépend de là.

Comme l'usucapion, la Publicienne ne compète pas pour les choses déclarées inaliénables par une loi ou une constitution (*h. t.*, 12, § 4): ainsi le fonds dotal, que la loi Julia défend au mari d'aliéner sans le consentement de sa femme; ainsi les biens des coupables des crimes de lèse-majesté, concussion et autres, pour lesquels la condamnation pouvait intervenir après la mort du coupable; une constitution de Septime Sévère défendait de les aliéner pour les soustraire à la confiscation. Nous citerons encore, dans le droit classique, les choses *mancipi* des femmes pubères sous la tutelle de leurs agnats (Gaïus II, § 47), à moins qu'elles n'eussent été livrées *auctore tutore*, et les *prædia rustica* ou *suburbana* des pupilles, dont l'aliénation était prohibée par un sénatus-consulte du temps de Septime Sévère, à moins qu'un décret du préteur n'en prononçât la nécessité (D., L. 1, *de reb. eor. qui., pp.*, § 1, 2).

## CHAPITRE III.

### *Qui peut intenter la Publicienne?*

Après avoir étudié les caractères de la Publicienne et les conditions requises pour son exercice, nous allons examiner quelles personnes la peuvent intenter.

Nous avons vu qu'elle était accordée à celui qui, ayant reçu *a non domino* une chose *ex justa causa*, en a perdu la possession avant l'accomplissement de l'usucapion, et aussi, mais dans le droit classique seulement, à celui qui a reçu du propriétaire, mais par simple tradition, une chose *mancipi*.

On l'accorde encore à celui qui possède une chose corporelle non susceptible d'usucapion, comme un fonds *vectigal*, la superficie d'un terrain. Celui qui a la quasi-possession des choses incorporelles non susceptibles d'usucapion, comme l'usufruit, les servitudes urbaines et rurales, peut également l'intenter; seulement, en pareil cas, la formule devait être modifiée, et supposer accomplie, non plus l'usucapion, mais la prescription de long temps. Le possesseur était réputé avoir possédé dix ou vingt ans, *nec vi, nec clam, nec precario*, l'exercice du droit de propriété prétorienne, ou de servitude, et on lui accordait la Publicienne comme s'il avait possédé (*h. t.*, 12, § 2, 3).

Un dernier point nous reste à examiner, qui est loin d'être admis par tous les auteurs, celui de savoir si la Publicienne compète au propriétaire qui a perdu la possession. Cette question est controversée, et nous devons dire que, malgré l'autorité que donnent à la négative les grands noms de Cujas et de Pothier, nous inclinons cependant à penser que la Publicienne compétait au propriétaire lui-même. Le propriétaire, dit-on, a la revendication, il n'a que faire de l'action prétorienne; protégé par le droit civil, il ne peut se servir, et d'ailleurs il n'a pas besoin d'un secours que le préteur n'a pas créé pour lui. Cette doctrine est pleinement confirmée par les textes, ajoute-t-on, et on nous oppose la loi 1, *pp.*, et § 1, *h. t.*, qui avec ses mots, *nondum usucaptum*, fait de la non-usucapion une condition à la Publicienne; puis ce texte de Paul (D., L. 18, *de pign. et hyp.*) : « Si « ab eo qui Publiciana uti potuit, *quia dominium non habuit*, pignori accepi; sic tuetur me « per Servianam prætor quemadmodum debitorem per Publicianam. » Ce système nous semble fondé sur des arguments peu concluants, et amènerait des résultats fâcheux qui doivent le faire rejeter. Le préteur, dit-on, en créant la Publicienne, a voulu garantir celui qui *dominium non habebat*, il n'a pas entendu venir au secours du propriétaire ; le propriétaire est garanti par le droit civil, il n'a que faire de se servir d'une arme qui n'a pas été faite pour lui.

Singulière conclusion en vérité ! Ainsi, parce qu'un remède aura été inventé à l'occasion de telle ou telle maladie spécialement, un individu atteint d'un mal qui ne serait pas identiquement celui pour lequel le remède a été créé, ne pourrait pas, s'il lui convenait mieux que tel ou tel autre, l'employer pour arriver à une guérison plus prompte, ou plus sûre ? Mais on nous arrête, on nous conteste un avantage quelconque pour le propriétaire à exercer la Publicienne. A cette objection on répondra aisément en se rappelant les règles du droit romain en matière de preuves. On sait que pour triompher dans la revendication, il faut prouver sa propriété. En cas d'acquisition par un mode originaire, la preuve en est aisée ; mais si elle a été faite par un mode dérivé, c'est une *probatio diabolica* impossible souvent, au moins difficile ; car il ne suffit pas d'établir en sa personne un mode légal d'acquisition, on doit encore en faire la preuve dans tous ses auteurs jusqu'à ce qu'on rencontre un mode d'acquisition originaire. L'usucapion a grandement simplifié et facilité cette preuve. La Publicienne est venue combler la lacune et remédier aux inconvénients du système du droit civil ; et nul doute qu'elle ne compétât au propriétaire lui-même, alors qu'il craignait de ne pouvoir prouver que sa possession ou celle de son auteur eût duré le temps requis pour l'usucapion. Il pouvait alors ou se faire délivrer cumulativement sous l'alternative les deux formules de la revendication et de la Publicienne, afin de se réserver la chance d'obtenir en vertu de celle-ci ce qu'il n'aurait pu obtenir au moyen de celle-là; ou bien la Publicienne seulement, avec laquelle la preuve lui était plus aisée, puisqu'il n'avait qu'à établir qu'il réunissait les conditions requises pour l'usucapion, moins le temps. Allant même plus loin, nous dirons que le propriétaire conservait le droit d'intenter la Publicienne, même après avoir échoué dans la revendication (D. 39, § 1, *de evic.*). Sans doute le préteur n'a pas inventé cette action pour le propriétaire, mais a-t-il davantage imaginé la *bonorum possessio* pour l'héritier? et cependant il ne lui en refuse pas le secours. Nous devons donc penser qu'il ne refuse pas la Publicienne au propriétaire puisqu'il admet à l'usage de ses institutions ceux mêmes que garantit déjà le droit civil. De plus, qu'on voie le résultat bizarre où mène le système de nos adversaires; j'ai acquis *a non domino* mais *ex justa causa* un fonds; j'ai perdu la possession avant le temps requis pour l'usucapion, Titius le possède en ce moment. Je me fais délivrer la Publicienne et je n'ai qu'à prouver mon juste titre pour déposséder Titius. D'un autre côté, je perds la possession du fonds après en être devenu propriétaire par l'usucapion, ma position semble plus favorable; au contraire, car, outre mon juste titre, j'ai à justifier de ma possession pendant le temps requis pour l'usucapion. En vérité ce résultat est inadmissible et doit faire rejeter le système qui le produit, et reconnaître que le propriétaire lui-même peut intenter la Publicienne.

La Publicienne passe aux successeurs civils ou prétoriens de celui à qui elle compétait (*h. t.*, 7, § 9, et 12, § 1), encore bien qu'ils n'aient jamais possédé, et sans tenir compte de leur bonne ou de leur mauvaise foi.

## CHAPITRE IV.

### CONTRE QUI DONNE-T-ON LA PUBLICIENNE?

La Publicienne se donne contre tout détenteur de la chose, même contre le véritable propriétaire. Rarement injuste quand il y a eu tradition d'une chose *mancipi a domino*, elle le deviendrait, si on la donnait utilement contre le propriétaire; aussi quelques auteurs la dénient-ils en pareille hypothèse, Voët entre autres ; il objecte que le droit de propriété étant plus fort et plus énergique que le droit de possession, on ne concevrait pas que la Publicienne pût être donnée contre le propriétaire, quand celui-ci aurait le droit, s'il ne possédait pas, de revendiquer même contre un possesseur muni d'un juste titre et possédant de bonne foi. On oppose encore la loi 1, *pp. h. t.*, où l'on fait rapporter les mots *non a domino* au mot *petit*. Mais la seule construction de la phrase repousse cette interprétation. D'ailleurs la formule que nous retrouvons dans Gaïus et aux Instituts, est conçue d'une façon générale ; elle ne contient pas les mots *non a domino*, et elle nous autorise à penser qu'elle se délivrait contre tout détenteur de la chose, fût-il même *dominus ex jure Quiritium*.

Quant à Cujas, il pense que la Publicienne ne se donne pas contre le propriétaire qui possède la chose, ou que, si elle est accordée contre lui, elle est inutile parce que à l'action le propriétaire opposera l'exception *justi dominii* ainsi conçue : *si non ea res possessoris sit*. Et en effet, qu'enjoint au juge la formule de la Publicienne? De condamner le défendeur, si le demandeur fût devenu propriétaire en possédant un ou deux ans. Sa mission est restreinte et précise : il ne peut tenir compte au défendeur d'aucune circonstance étrangère, sans une clause spéciale insérée dans la formule. Le propriétaire lui-même, actionné par la Publicienne, serait donc condamné, puisque la question posée au juge par la formule, peut être résolue affirmativement, quel que soit le possesseur actuel. Mais une ressource lui reste : il fera modifier la formule par l'exception, *si ea rés possessoris non sit ex jure Quiritium* ; et alors, pour le condamner, il ne suffira plus que le juge ait reconnu que la chose appartiendrait au demandeur si sa possession eût duré le temps requis pour l'usucapion, il faudra en outre qu'il reconnaisse qu'elle n'appartient pas actuellement au défendeur qui la possède.

On peut trouver bizarre tout d'abord que le propriétaire défende à la revendication sans le secours d'une exception, tandis qu'il en a besoin pour défendre à la Publicienne; mais il n'en est rien. Le juge devait se renfermer dans le cadre de la formule qui lui était soumise, et l'exception était nécessaire au défendeur toutes les fois qu'il ne contredisait pas directement l'*intentio* du demandeur. Ceci posé, la différence se conçoit aisément; actionné en revendication, le *dominus ex jure Quiritium* niait directement le fait avancé par le demandeur, il contredisait directement l'*intentio* de la formule ; il n'avait que faire d'une exception. Mais dans la Publicienne, les choses ne se passaient pas ainsi ; actionné, le propriétaire ne pouvait pas répondre directement que la chose n'appartiendrait pas au demandeur s'il l'avait possédée le temps requis pour l'usucapion ; il pouvait dire seulement que la chose lui appartenait ; la réponse ne cadrait pas avec la demande, et, avec la rigueur du droit romain, le propriétaire eût toujours été condamné, le juge ne pouvant suppléer les termes de la formule délivrée par le préteur, s'il n'avait pu introduire un correctif dans la formule, et ce correctif était justement l'exception *justi dominii*. Nous pensons donc que la Publicienne peut être accordée contre le propriétaire, et que, pour y défendre, il aura besoin d'une exception. Toutefois cette exception ne sera pas toujours triomphante; car si, dans le cas de tradition *a non domino*, elle empêche de dépouiller injustement le véritable propriétaire, elle consacrerait une iniquité, en cas de tradition *a domino*, si elle obligeait le juge à faire restituer la chose à celui-là même qui l'a vendue et livrée. En pareil cas, à l'exception *justi dominii* du propriétaire, le demandeur opposera la réplique *rei venditæ aut donatæ et traditæ* qui le plus souvent lui assurera le succès, à moins que les circonstances ne fournissent une duplique triomphante au défendeur, comme dans le cas d'une donation faite en violation de la loi Cincia. Remarquons toutefois que si en général l'exception *justi dominii* opposée par le propriétaire, le fait triompher en cas de tradition faite *a non domino*, une réplique du demandeur la mettra au néant chaque fois qu'elle devrait consacrer la violation d'un droit, comme par exemple, dans le cas où le défendeur serait devenu héritier du vendeur, etc. Le vendeur, même en cette hypothèse, pourrait employer la réplique *doli mali*, car il y a dol de la part du défendeur à argumenter ici de sa qualité de propriétaire.

Le Digeste d'ailleurs nous présente plusieurs applications de ce principe (Cujas, VII, 341 *sqq.*), nous allons en examiner successivement les diverses hypothèses.

1. Le possesseur de bonne foi, à partir de la *litiscontestatio*, doit veiller à la conservation de la chose et ne se rendre coupable ni de dol, ni de faute qui lui fasse perdre la possession. Toutefois, s'il vient à la perdre par sa faute seulement, il pourra se faire céder l'action réelle du demandeur pour revendiquer la chose dont il a payé le prix ; s'il a omis d'exiger cette cession, le préteur viendra à son secours en lui donnant la Publicienne, qu'il pourra intenter comme ayant une juste cause de possession dans le payement de la valeur. Vainement le

propriétaire, rentré cependant en possession de la chose et actionné, opposerait l'exception *justi dominii*, le possesseur de bonne foi le repousserait par la réplique de dol, car il y aurait fraude de la part du propriétaire à vouloir conserver une chose dont il a déjà reçu le prix. Ce propriétaire ne serait pas même admis à restituer le prix pour garder la chose; car le condamné, qui a payé pour satisfaire à la sentence du juge, a fait le payement à ses risques et périls; exposé à subir la mauvaise chance, il doit profiter de la bonne, il est censé avoir acheté la chose (D., L. 21, 36, § 1, 63, *de rei vindic.*).

2. Vous avez acheté de Titius le fonds de Sempronius. Ce fonds vous a été livré après payement du prix. Titius, ensuite devenu héritier de Sempronius, vend et livre ce fonds à Mævius, qui en devient ainsi propriétaire. Il est de toute équité que vous lui soyez préféré; si donc Mævius revendique, vous le repousserez par une exception conçue en fait, ou par l'exception de dol; que si, ayant perdu la possession, vous avez intenté la Publicienne contre ce même Mævius, vous triompherez encore en opposant à l'exception *justi dominii* l'exception précédente mise en forme de réplique (D., L. 72, *de rei vindic.*, 2, *de exc. rei vend.*, et 4, § 32, *de doli mali et metus except.*).

3. J'ai donné mandat à mon procureur de vendre une chose; il la vend, puis, malgré ma défense, il la livre. Je revendique alors contre l'acheteur, qui, mis en possession contre ma volonté, n'a pas acquis la propriété de la chose; seulement, comme il est de bonne foi, il possède *ad usucapionem*, et il pourra m'opposer l'exception *si non auctor meus ex voluntate tua vendidit*, autrement il serait inique d'enlever à l'acheteur la chose que mon procureur lui a vendue en se conformant à mon mandat. Si cet acheteur a perdu la possession de la chose, il aura contre moi la Publicienne et pourra triompher de mon exception *justi dominii* en lui opposant, sous la forme de réplique, une exception *si non auctor meus ex voluntate tua vendidit* (*h. t.*, L. 14).

4. Les héritiers de mon mandataire, dans l'ignorance que la mort du procureur éteint le mandat, et dans l'intention, non de voler, mais d'exécuter la mission que le défunt avait acceptée, ont vendu mes esclaves. L'acheteur est devenu propriétaire. J'aurai contre lui la revendication ou la Publicienne, suivant qu'au moment de mon absence, où j'ai cessé de posséder, j'étais ou non propriétaire de la chose. S'il m'oppose l'exception *justi dominii*, j'aurai pour la repousser une réplique conçue *in factum*. Nous corrigeons le texte, ici, d'accord avec

Cujas et Pothier. Le texte des Basiliques, le raisonnement et l'équité, tout d'ailleurs nous autorise à substituer *non inutiliter* à *non utiliter* (D., L. 57, *mandati*).

5. J'ai acheté une chose *a non domino;* le propriétaire revendique contre moi ; je suis absous. Ensuite je perds la possession qui repasse au vrai propriétaire. Je l'actionne par la Publicienne ; il m'oppose l'exception *justi dominii*, j'y réponds victorieusement par la réplique *rei judicatæ* (D., L. 24, *de exc. rei jud.*).

6. Un possesseur de bonne foi m'abandonne *ex noxali causa* un esclave qu'il avait *in sua potestate*. Pendant que je le possède encore, le propriétaire le revendique contre moi. Je l'écarterai par l'exception de dol, à moins qu'il ne m'offre la *litis æstimatio*. D'un autre côté, si j'en perds la possession, j'aurai contre le propriétaire lui-même la Publicienne, et contre son exception *si dominus ejus sit*, j'emploierai utilement la réplique de dol (D., L. 18, *de nox. causa*).

7. Propriétaire d'une maison voisine de la mienne, vous me refusez la caution que je vous demande de réparer le dommage que peut me causer la chute de votre maison. Un premier décret du préteur m'envoie en possession de votre maison, et, si vous persistez, un second décret m'autorise à posséder. Je ne suis pas,

il est vrai, propriétaire, puisque le préteur ne peut pas faire de propriétaire *ex jure Quiritium*, mais je possède *ad usucapionem* et j'aurai la Publicienne contre vous. Vainement vous m'opposeriez l'exception *justi dominii*; mis en possession par le préteur, je triompherai par la *replicatio doli* (D., L. 18, § 15, *de damno infecto*).

Nous avons examiné les cas où la Publicienne est intentée contre le propriétaire; voyons maintenant le cas où le défendeur à la Publicienne est lui-même en train d'usucaper (*h. t.*, L. 9, § 4). Il s'agit de deux acheteurs ayant tous deux droit à la Publicienne. Le débat s'engage entre eux, et la question s'élève sur le point de savoir qui l'emportera. Il faut distinguer ici si les deux acheteurs ont ou non le même vendeur.

Supposons d'abord un même vendeur non propriétaire dont Mævius et Titius ont acheté la même chose. Mævius, mis le premier en possession, doit être préféré; car un vendeur, en livrant la chose à un acheteur, lui a transporté tout le droit qu'il pouvait lui transporter par tradition; son droit est épuisé; il ne peut plus rien transférer à son second acheteur; autrement il lui donnerait ce qu'il n'a plus, il lui ferait une position plus avantageuse que la sienne, ce qui ne saurait être.

Soient, au contraire, deux vendeurs non propriétaires dont Mævius et Titius ont acheté la même chose. On ne tient ici aucun compte de l'antériorité de tradition ; la position des acheteurs est pareille. Aussi, celui qui sera en possession l'emportera sur celui qui vient l'actionner, car *in pari causa melior est causa possidentis.* Tel est du moins le sentiment de Julien et d'Ulpien (*h. t.*, 9, § 4). Neratius, au contraire (D., L. 31, § 2, *de act. emp.*), tient compte, dans l'un et l'autre cas, de l'antériorité de la tradition. Cette opinion, toutefois, n'a pas prévalu ; elle était d'ailleurs illogique et sans raison d'être dans le second cas.

---

# DROIT FRANCAIS.

## DE LA TUTELLE ADMINISTRATIVE DES COMMUNES ET DE LEUR PERSONNALITÉ JURIDIQUE.

### AVANT-PROPOS.

La commune constitue une personne civile capable de tous les actes que la loi permet aux particuliers; elle peut être propriétaire, créancière et débitrice; elle peut contracter, agir en justice. Soumise dans ses rapports avec les tiers aux principes généraux du droit civil, elle n'a pas toutefois cette liberté d'action qui aurait pu lui donner les moyens de compromettre son avenir par des actes irréfléchis;

elle est condamnée à une sorte de minorité perpétuelle sous la tutelle de l'administration supérieure. Nous nous proposons d'étudier ce caractère privé de la commune, d'examiner les actes de sa vie civile et les garanties par lesquelles le législateur les a protégés; son organisation intérieure et l'administration de ses affaires publiques ne nous occuperont qu'accessoirement. Toutefois, avant d'aborder cette matière qui fera l'objet principal de notre étude, il nous semble utile de rappeler brièvement par quelles phases les communes ont passé avant d'arriver au point où elles sont aujourd'hui.

« Considérée dans son élément primitif, la « commune, » a dit M. Royer Collard, « est, « comme la famille, avant l'État; la loi poli- « tique la trouve et ne la crée pas. » Elle est antérieure à tous les gouvernements. Les familles vivent d'abord isolées sous l'autorité domestique, bientôt elles se rapprochent, du voisinage naissent des besoins, des intérêts ; elles sentent la nécessité d'une administration, d'une autorité, et la commune est fondée; les communes sont, en ce sens, aussi anciennes que les sociétés. Plus tard, ces petites populations se groupent et forment peu à peu les États qui ont ainsi pour origine des associations de commune qui, même après cette transformation, gardent encore une existence propre et distincte. Les communes ont existé sous cette double forme dans toute l'Europe. Partout elles ont influé sur les destinées de leur pays. Les communes de l'Italie ont enfanté des républiques glorieuses; les communes allemandes sont devenues des villes libres et souveraines; les communes de l'Angleterre ont acquis dès leur origine une importance politique qu'elles ont gardée jusqu'à nos jours; les communes de France ont aussi joué un rôle dont la grandeur offre un des plus beaux spectacles que fournisse l'histoire.

Elles ont pour principe les municipalités des derniers temps de l'empire romain; la municipe tout d'abord fut la ville dont les habitants pouvaient participer aux honneurs de la cité romaine (*munerum participes*). Mais quand le droit de cité eut été étendu à toutes les villes de l'empire, le mot *municipe* s'appliqua à toute cité gouvernée par ses magistrats, à toute ville ayant ses lois et ses droits propres, unie au peuple romain par des titres honorifiques, sans être soumise aux lois romaines, à moins qu'elle ne les eût adoptées. Les fonctions administratives étaient divisées entre les *duumviri* et les *censores* qui y jouaient à peu près le même rôle que les consuls et les censeurs à Rome. Parfois les attributions étaient partagées entre ces magistrats et les édiles, dont les fonctions présentent une grande analogie avec celles des maires et des adjoints de nos communes, chargés de veiller à la sûreté et à la haute administration de la ville, officiers de police et investis du droit de faire des règlements sur les objets soumis à leur surveillance et à leur autorité; chaque espèce de biens avait des administrateurs spéciaux; la gestion des finances était confiée à un *curator kalendarii*, le soin et l'administration des immeubles à un *curator prædiorum*; un *actor* ou *syndicus* représentait la cité en justice; enfin, des agents subalternes percevaient les impôts, exerçaient la police et faisaient exécuter les sentences judiciaires, etc. A côté de ces magistrats, investis du pouvoir exécutif, il y avait un conseil formé par l'aristocratie du lieu, sorte de sénat, chargé de délibérer sur les affaires du municipe, et dont le nom variait suivant les localités. Tous les magistrats étaient pris exclusivement parmi les sénateurs, et nommés par le sénat lui-même, seul dépositaire de l'autorité.

La Gaule, comme la plupart des pays vaincus par Rome, avait reçu des colonies : Arles, Béziers, Fréjus, Orange, nous en offrent la preuve certaine. Elle comptait aussi un certain nombre de municipes, de ces cités qui déjà se gouvernant par leurs propres lois, avaient été admises à jouir du droit romain ou italique, sans recevoir de la métropole un renfort d'habitants, sans céder aucune partie de leur territoire. Jouissant des mêmes institutions, soumises, ou à peu près, aux mêmes magistrats que Rome elle-même, municipes et colonies devinrent à peu près identiques, et on en comptait jusqu'à cent quinze dans les Gaules soumises à l'empire de Rome. L'arrivée des barbares vint ébranler la domination romaine. Pressés de toutes parts, les Romains sont battus par Clovis, qui, chrétien et fort de l'appui de l'Église, devient maître de la Gaule. Les envahisseurs toutefois se gardèrent bien d'opprimer les vaincus : les institutions furent respectées; on n'éloigna pas les Romains, on conserva leurs lois, et les vainqueurs apprirent des vaincus la science de gouverner. Des monuments historiques depuis les VIe et VIIe siècles jusqu'aux dernières annés de la seconde dynastie, des capitulaires des rois et empereurs de la première et de la seconde race attestent l'existence des curies, des élections populaires pour les évêques et les magistrats municipaux, et des diverses institutions que nous avons citées plus haut et qui révèlent de la façon la plus manifeste l'existence suivie et non interrompue du droit municipal. La révolution qui plaça sur le trône le chef d'une troisième dynastie n'altéra pas le principe des libertés municipales; les cités qui, sous la domination romaine, en avaient joui incontestablement, en conservèrent l'exercice jusqu'à l'époque de l'établissement des communes; ainsi, Périgueux, Bourges, Marseille, Arles, Toulouse, Narbonne, Nîmes, Metz, Paris et Reims; leurs monnaies particulières, leurs monuments, l'histoire nous les montrent avec des magistrats spéciaux, et se gouvernant elles-mêmes. A côté de ces cités, qui déjà sous la domination romaine jouissaient des priviléges du droit municipal, nous voyons des villes se fonder et dès le berceau obtenir des concessions de droit municipal, comme Montauban en 1144 et Aigues-Mortes en 1248. Mais si certaines villes avaient su conserver, au milieu des invasions barbares, leurs franchises municipales; si, au Midi surtout, l'esprit des institutions romaines s'était conservé avec ces institutions mêmes, avec l'influence et le droit de la métropole, il n'en avait pas été ainsi partout, au Nord surtout et au centre de la France, où l'esprit des races germaniques s'était substitué aux idées romaines. La royauté s'était épuisée pour enrichir ses vassaux et s'assurer leur concours et leur appui; les seigneurs, de leur côté, grandissaient chaque jour en puissance et en audace, pendant que le roi, réduit à un domaine fort restreint, devenait de plus en plus impuissant et timide. La féodalité se forma peu à peu; avec son pouvoir qui s'accroissait, s'accrurent aussi ses excès et ses injustices. Le roi s'était dépouillé de ses terres en faveur de ses seigneurs; plus tard les seigneurs le dépouillèrent des droits régaliens, s'attachant surtout au droit de justice qui, enlevant au vassal toute espèce de recours, assurait l'impunité à leurs abus comme à leurs crimes. Les villes cependant, du ve au xe siècle, ne furent pas en servitude, sans avoir néanmoins toute la liberté convenable. On y souffrait les maux, suite inévitable de la faiblesse et des déprédations des forts. On luttait cependant, et les villes conservaient toujours leur importance; toutefois, du ve au xe siècle, leur état alla s'empirant jusqu'à la complète organisation de la féodalité. Le régime féodal une fois assis, les populations éprouvèrent le besoin d'avancer dans la voie du commerce et de l'industrie. Les villes, grâce au courage de leurs habitants, sortirent peu à peu de l'état d'abaissement où les avaient plongées les excès de la féodalité; le bien-être et les richesses augmentèrent avec le travail et l'industrie. Mais à mesure que leur état s'améliorait, qu'elles devenaient plus riches, la proie devenait plus tentante pour le seigneur qui, las d'aller piller au loin, était peu disposé à respecter une proie si riche et si facile. Les exactions des seigneurs redoublèrent donc; pour échapper à d'intolérables persécutions, il fallut se faire serfs des églises, des particuliers, des seigneurs, et la *recommandation* devint un des moyens les plus oppressifs de la féodalité. Les villes cependant, au milieu de ces persécutions incessantes, grandissaient toujours; les richesses augmentaient, et avec elles les intérêts à défendre; l'insurrection, longtemps couvée dans des assemblées secrètes de bourgeois, éclata de toutes parts; en fixer la date est chose difficile, c'est une fermentation souterraine qui, longtemps contenue, finit par éclater; l'attaque fut d'ailleurs proportionnée à la résistance, et les libertés obtenues en raison des difficultées vaincues.

Les bourgeois des villes commençaient par se constituer tumultuairement, puis organisaient ensuite d'une manière régulière un gouvernement électif présentant quelque analogie avec le gouvernement municipal des Romains. Les seigneurs cependant se ruaient sur la ville, qui, de son côté, résistait bravement; si Beauvais et Saint-Quentin furent assez heureuses pour se constituer pacifiquement en communes, Laon eut des luttes sanglantes et longues à soutenir avec son évêque; Noyon (1098), Amiens, Soissons, Reims, Le Mans, Cambrai, Vézelay ne durent un degré quelconque de liberté qu'à leur propre valeur ; elles l'acquirent à la pointe de l'épée. La commune, une fois victorieuse, était gouvernée par un corps électif de magistrature, dont les membres, nommés jurés, s'assemblaient chaque jour dans les maisons de jugement ou hôtels de ville, et se partageaient les fonctions judiciaires et l'administration civile. Un serment unissait tous les habitants, conjurés où communiers, et les obligeait pour première clause à se rendre en armes au premier appel du beffroi. La ville avait un trésor commun pour subvenir aux dépenses communes. Une charte enfin réglait les divers droits et obligations de la commune et de ses habitants. Rien ne fut plus varié que le régime municipal sorti de ces chartes, les unes conquises par la force, les autres obtenues par la crainte. L'esprit municipal se montra plus exigeant et plus résolu dans les villes du nord et du midi. Les communes du centre de la France se contentèrent d'une autorité moindre. L'état politique de ces associations offrait aussi une foule de degrés et de nuances, depuis la cité presque républicaine, qui, comme Toulouse, exerçait tous les droits de souveraineté, jusqu'à ces agglomérations plus humbles, qui, ne possédant pas ce gouvernement local, jouissaient de certains privilèges, sous la tutelle plus directe des seigneurs. Cependant toutes les chartes, quelle que soit leur origine, sont uniformes sur certains points. Toutes abolissent les servitudes personnelles et les taxes arbitraires; toutes consacrent le principe que le choix des officiers municipaux appartient aux habitants ; toutes attachent au pouvoir municipal la gestion des affaires de la commune, le maintien de la police et le droit de justice pour les délits les plus communs. Ces chartes, accordées souvent par des seigneurs, étaient aussi quelquefois concédées par le roi, qui leur donnait ainsi la sanction royale. On a, ce nous semble, sur ce point grandement dénaturé le rôle de la royauté; on en a fait l'auxiliaire des communes ; on a représenté Louis-le-Gros comme l'auteur de l'affranchissement des communes, et cette erreur manifeste a même été reproduite volontairement peut-être d'ailleurs dans le préambule de la charte de 1814. La plupart des historiens de ces derniers temps l'ont relevée avec chaleur, jaloux de laisser à chacun le mérite de ses œuvres. La couronne en effet fut loin d'être aussi favorable qu'on s'est plu à le dire, à l'affranchissement des communes ; la meilleure preuve, c'est qu'aucune des villes de ses domaines n'obtint d'affranchissement aussi complet que celui des villes seigneuriales, et que quelques-unes même virent leurs tentatives sévèrement réprimées par la force, comme Orléans. La plupart des communes n'obtinrent leurs chartes qu'à force ouverte et sans le concours de la royauté, qui se borna à octroyer, le plus souvent à prix d'argent, des chartes conquises sur les seigneurs les armes à la main. Toutefois le trône ne fut animé ni d'un sentiment de générosité, ni même de son propre avantage ; ce fut surtout le désir et l'appât de l'argent qui trop souvent déterminèrent le prince et son conseil.

Il y a loin, comme on le voit, du municipe romain à la commune du moyen âge ; leur origine nous présente tout d'abord une diversité importante et féconde (1). Les villes du moyen âge se sont formées par le travail et l'insurrection ; celles de l'empire romain, au contraire, par la conquête ; les habitants des municipes ont été dès leurs premiers pas forts et puissants ; tandis que leurs successeurs se sont à grand'peine un peu affranchis par l'insurrection. Chez les villes romaines, nous trouvons l'agriculture libre et propriétaire, le commerce étendu, varié ; chez nos communes, au contraire, tout est précaire, étroit, misérable ; le travail est purement manuel, le commerce est borné. Si leur origine est différente, leur état social intérieur ne l'est pas moins.

(1) Guizot, Hist. de la civilisation en Europe, t. IV ; Aug. Thierry, lettres sur l'hist. de France ; Raynouard, Hist. du droit municipal en France.

Dans les cités d'origine grecque ou romaine, dans la plupart des anciennes cités de la Gaule, les magistratures, les fonctions civiles et religieuses étaient réunies, le pouvoir était concentré et héréditaire dans un petit nombre de familles; nous y retrouvons, comme à Rome, la puissance paternelle et l'esclavage. Les communes du moyen âge ne nous présentent rien de semblable. Chez elles, les fonctions civiles et religieuses sont complétement séparées. Les magistrats sont élus par la masse des habitants; l'exercice du pouvoir municipal appartient à tous, indirectement au moins; la puissance paternelle, quoique grande encore, y est bien inférieure à ce qu'elle était dans le monde romain; grande encore quant aux biens, elle est fort restreinte quant aux personnes; l'esclavage domestique a disparu devant le christianisme, tous les hommes y sont libres. Enfin, les villes ont cessé d'être le centre des populations supérieures, comme dans l'empire romain; les maîtres du territoire et du pouvoir, les seigneurs habitent les campagnes et ont comme abandonné les villes à la population inférieure, qui lutte à grand'peine pour s'affranchir derrière leurs murs. Ces différences d'ailleurs se résument dans ce caractère que tout vient révéler; l'esprit aristocratique dut dominer dans la cité romaine, l'esprit démocratique au contraire dans les communes du moyen âge.

Constituées à grand'peine, au prix de luttes longues et difficiles, les communes prospérèrent promptement, mais leur prospérité fut de courte durée. Entre ces sortes de petites républiques indépendantes, l'unité d'action fut impossible. Peut-être eussent-elles survécu, comme les villes d'Italie, si elles n'avaient jamais eu affaire qu'aux suzerains leurs voisins; mais c'est qu'en Italie, il n'existait pas de pouvoir central supérieur; tandis qu'en France, au contraire, les petits vassaux furent absorbés par de grands suzerains très puissants en présence desquels se trouvèrent les communes. Un seul moyen d'échapper leur restait, c'était de se confédérer, et c'est à peine si dans une circonstance plus grave encore les Albigeois le tentèrent seulement. A côté de cette centralisation des pouvoirs féodaux, nous placerons le patronage des rois et des grands souverains; protectorat qui, peu à peu, dégénéra en asservissement pour les communes. A ces deux causes de ruine s'en ajouta une troisième non moins funeste; ce furent les troubles intérieurs des communes; les excès d'autrefois reparurent; en présence d'un pareil état de choses, alors surtout que la monarchie victorieuse de la féodalité n'avait plus nul besoin de ses anciens alliés, l'existence des communes ne pouvait plus être de longue durée. Quelques communes, Meulan en 1320,

Roye en 1324, Soissons en 1328, allèrent jusqu'à demander d'elles-mêmes à être supprimées; d'autres au milieu des vicissitudes, vaincues et victorieuses tour à tour, tombèrent les armes à la main comme Laon en 1331; les autres, et ce fut le plus grand nombre, disparurent insensiblement.

Le droit municipal toutefois ne tomba pas avec elles, et si les rois attaquèrent l'existence indépendante des communes, ils respectèrent et protégèrent assez longtemps les libertés municipales. Saint Louis, dans plusieurs ordonnances, leur accorde une protection signalée dont les villes se montrent dignes par leur dévouement à la monarchie. Charles V, dans son ordonnance de 1380, déclare qu'il entend conserver aux villes leurs franchises et leurs monuments; Louis XI, fidèle à sa politique constante, les protége pour abattre les grands; François Ier, dans son ordonnance de 1536, confirme les franchises relatives aux élections municipales; Henri II, dans son ordonnance de 1547, va plus loin encore : voulant laisser aux fonctions municipales toute leur indépendance, il en exclut tous les officiers royaux. Le principe de la liberté des élections municipales se trouve reproduit dans l'édit de Moulins de 1560, dans la fameuse ordonnance de Moulins, et dans celle de Blois (1576). Louis XIV lui-même maintint dans toute son intégrité le régime municipal, aussi longtemps que les finances de la France purent suffire aux frais de sa gloire militaire. Malheureusement la pénurie se mit dans les finances, et, suivant la fâcheuse habitude du siècle, on chercha dans la vénalité des offices une ressource financière. On créa des charges perpétuelles de maires avec entrée et séance aux assemblées des provinces et pays d'état. On les créa tout en désapprouvant la mesure, car l'édit de 1692 n'avait pas d'autre but que de forcer les communes à se racheter. Néanmoins, comme la disette d'argent subsistait toujours, on créait à l'envi, on multipliait les charges municipales pour en augmenter le produit. En 1702 on créait des offices de lieutenants des maires pour les remplacer en leur absence, en décembre 1706, des offices héréditaires de conseillers du roi, maires et lieutenants de maires, alternatifs et mitriennaux, etc. Depuis lors le droit municipal subit de nombreuses vicissitudes; en 1707 toutes les villes reçurent l'autorisation de se racheter; en 1717 toutes les charges vénales furent révoquées et les villes rentrèrent dans la plénitude de leurs droits municipaux; en 1722 les offices furent mis à l'encan; en 1724 on rendit aux villes le droit d'élection; en 1733 des offices vénaux furent de nouveau créés; en 1764 et 1765 le droit d'élection fut rendu aux villes, mais cette fois modifié et conditionnel ; en 1771 la vénalité des offices municipaux fut complétement rétablie. Cependant les villes ne cessaient de protester et de réclamer en faveur de leurs franchises municipales. Des remontrances avaient été présentées en 1756 et à plusieurs autres reprises, mais en vain, par le parlement de Provence ; c'est qu'en effet la vénalité des offices municipaux n'était point un projet d'amélioration politique ou administrative, ce n'était qu'une mesure de finances, un impôt déguisé ; on en tolérait le rachat, on l'encourageait même ; la preuve nous en est fournie par la Provence, qui, à elle seule, avant l'édit de 1771, avait pour ses rachats payé près de 13 millions.

Quoi qu'il en soit, vers la fin du XVIIIe siècle, les idées de réforme avaient, à l'inspiration des philosophes et des publicistes, pénétré dans toutes les classes de la société. On éprouvait le besoin d'établir l'unité dans la loi, l'égalité entre les citoyens, de centraliser le pouvoir. Les usurpations des seigneurs excitaient la réprobation générale, et on taxait hautement d'illégalité tout impôt non consenti par la nation. Ces idées travaillaient la nation dans tous les sens ; on voulut leur donner satisfaction. Turgot essaya de créer un système de représentation qui, prenant racine dans l'organisation municipale, devait aboutir à une représentation nationale. Ce plan, qui d'abord ne réussit pas, fut repris dans un édit de juin 1787 sur l'administration provinciale. Il établissait des assemblées municipales électives chargées spécialement de répartir l'impôt, y appelait les sujets des trois ordres, et rétablissait quelques-unes des fonctions municipales. Cet édit fut reçu en grande faveur. Mais il était déjà trop tard. Les idées de réforme avaient mûri et germé; l'édit ne satisfaisait plus; on voulait davantage. La révolution de 1789 éclata et avec elle s'opérèrent les réformes si impatiemment réclamées. L'assemblée nationale, dans la nuit du 4 août 1789, abolit jusqu'aux derniers vestiges de la féodalité, décida qu'il n'y aurait plus de priviléges particuliers; provinces, principautés, pays, cantons, villes et communautés d'habitants; durent être régis d'après le droit commun. Bientôt, après quelques lois et ordonnances rendues pour le maintien de l'ordre (décrets des 10 août, 15, 21 octobre, 27 novembre, 2 décembre 1789), on comprit toute l'importance d'une loi sur la constitution des municipalités. On s'en occupa donc avec la plus grande activité. Le 22 décembre 1789 fut décrété ce magnifique projet conçu par Sieyès et si habilement développé par le député Thouret, qui, prenant pour base le territoire, la population et la cote de la contribution directe, divisa la France en départements, le département en districts, et le district en municipalités. Les franchises municipales n'appartiennent plus désormais à une ville, mais à la France tout entière. Toutes les municipalités des villes, bourgs, paroisses et communautés, furent supprimées pour être remplacées par des municipalités constituées d'une façon uniforme et soumises aux mêmes règles. Le droit électoral fut le principe essentiel de ce décret; les provinces disparurent, leur nom même fut supprimé, toutes les municipalités furent déclarées de même nature et portèrent le nom commun de municipalité, et le chef de chacune d'elles celui de maire. Depuis la loi organique de décembre 1789, de nombreux lois et décrets ont été rendus concernant les communes; nous aurons l'occasion de signaler les plus importantes lois particulières à l'occasion des diverses matières qui vont nous occuper; nous nous bornerons à citer ici les lois générales du 28 pluviôse de l'an VIII, du 23 mars 1831, du 28 juillet 1837, qui est la loi encore en vigueur, à part les modifications graves apportées par le décret du 3 juillet 1848 sur le suffrage universel, du 25 mars 1852 sur la décentralisation, et enfin la dernière loi municipale du 5 mai 1855.

# CHAPITRE Ier.

## CONSTITUTION DES COMMUNES.

Les communes sont tout à la fois des unités de la division territoriale de l'empire, et des corps spéciaux vivant d'une existence qui leur est propre et ayant des intérêts à eux, à la conservation desquels ils veillent par eux-mêmes ou par leurs délégués. La commune est bien l'unité de division territoriale ; toutefois il se peut qu'auprès de cette unité, il y ait des fractions, qui, bien que réunies sous le rapport du territoire, aient des intérêts distincts qui veulent être séparément défendus ; ces fractions constituent des sections de commune.

La commune a pour membres, outre ceux qui y ont établi leur domicile conformément aux articles du Code Napoléon (102-111) et y résident depuis un an, ceux encore qui y possèdent des propriétés. Les droits de tous les habitants sont égaux et identiques. Les communes peuvent être propriétaires comme de simples particuliers ; mais sous aucun rapport on ne peut les considérer comme propriétaires de leur territoire ; leurs limites territoriales ne sont qu'une simple circonscription administrative, déterminée uniquement dans un intérêt d'ordre public, et la distraction de portion de ce territoire pour l'adjoindre à une autre commune ne saurait donner lieu à une indemnité.

Considérée spécialement comme circonscription territoriale, la commune est la plus petite et la dernière division politique et administrative du sol français. Elle s'est faite aux hasards des événements, en raison d'anciens droits de communauté, de seigneurie, de charte royale, de ressort de culte. La loi organique du 14 décembre 1789, respecta les circonscriptions existantes dans la crainte de rencontrer des obstacles insurmontables si elle voulait faire une division territoriale en parties égales.

La stabilité des circonscriptions communales intéresse à un trop haut point la rapidité de l'action du gouvernement et la prospérité des communes à raison des biens qu'elles peuvent posséder, à raison de leur circonscription électorale et judiciaire, qu'un changement peut venir modifier, pour que la loi n'ait pas entouré des garanties les plus sûres tout acte pouvant y porter atteinte. La constitution du 3 septembre 1791 l'avait mise sous la protection du pouvoir législatif. Aucune constitution postérieure ne dérogea au principe posé par celle de 1791. Seulement, dès l'an VIII le gouvernement s'attribua le droit de statuer lui-même sur les réunions et distractions de communes. La loi de 1837 est venue poser sur ce point des règles plus formelles (t. 1, art. 1-9). Si donc la réunion ou la distraction d'une commune peut modifier la circonscription d'un département, d'un arrondissement ou d'un canton, l'intervention du législateur est nécessaire, parce qu'il en résulterait un changement dans la circonscription judiciaire ou électorale, et que ces sortes de modification sont complétement en dehors du droit de l'administation ; elle est encore nécessaire si la mesure, bien que sans influence sur les circonscriptions judiciaire ou électorale, est repoussée par un refus positif d'une commune ; il y a là à sauvegarder des intérêts de propriété et de droits communaux, qui, comme tous les droits de propriété, sont placés sous la garde du législateur. Si au contraire les communes intéressées consentent toutes à la modification, et si d'ailleurs elle est sans influence sur les circonscriptions électorale ou judiciaire, un décret du chef de l'État suffit ; le concours des volontés garantit suffisamment l'opportunité de la mesure (art. 4).

La réunion toutefois ne peut et ne doit porter aucune atteinte aux droits de propriété des communes réunies. La loi, pour fixer ce point, a fait des distinctions ; quant aux biens dont les fruits étaient perçus en nature, la jouissance exclusive en reste aux habitants de la commune réunie ; mais les édifices ou immeubles affectés à un usage public deviennent la propriété de la commune à laquelle se fait la réunion (art. 5) ; sauf bien entendu une indemnité dont la condition doit être exprimée dans la loi ou décret, mais dont la fixation peut être faite ultérieurement (art. 7).

Ces diverses mesures doivent être précédées d'une enquête, ordonnée par le préfet tant sur le projet lui-même que sur ses conditions ; le conseil municipal, assisté des plus imposés, en nombre égal à celui de ses membres, appelés pour discuter sur cette mesure qui peut entraîner des dépenses dont ils supporteraient la plus forte part, ou, s'il s'agit seulement d'une section de commune, une commission syndicale élective, les conseils de préfecture et le conseil général doivent préalablement donner leur avis (art. 2, 3). Il importe toutefois de ne pas confondre les changements de circonscription territoriale avec les simples délimitations de territoire, qui, n'ayant pour but que de fixer les limites exactes des communes, n'influent en rien sur leur existence comme agglomération d'intérêts et corps spéciaux ; ce sont là des mesures purement administratives qui ne réclament aucune des formalités prescrites par la loi de 1837.

Les communes ne sont pas seulement des circonscriptions territoriales ; ce sont encore des agglomérations d'intérêts réunis entre eux dans une véritable communauté. Elles forment ainsi des personnes morales, dont l'existence est parfaitement distincte et indépendante de celle des individus qui les composent. On peut en dire ce qu'on disait du municipe, de la cité romaine : *Est instar unius hominis qui multos pedes habet, multasque manus, multosque sensus.* Faisant partie de l'administration générale de l'empire, elles forment le dernier échelon de la hiérarchie administrative ; mais, comme siége de l'administration municipale, elles n'appartiennent plus à l'administration générale ; elles ont une existence propre et des intérêts distincts protégés et défendus par un corps délibérant et des magistrats municipaux.

La commune est en outre une personne civile capable de tous les actes que la loi permet aux particuliers. Mais, dans la crainte qu'abusant d'une liberté d'action complète, elle ne compromît ses intérêts et n'engageât l'avenir par des actes irréfléchis, la loi l'a soumise à une minorité perpétuelle, sous la tutelle de l'administration supérieure, ne lui permettant pas d'agir, en quelque façon que ce fût, sans une autorisation spéciale.

## CHAPITRE II.

### ORGANISATION MUNICIPALE.

L'autorité dans chaque commune est confiée au corps municipal, lequel se compose du maire, des adjoints et du conseil municipal. Avant d'examiner leurs attributions, retraçons l'historique de leur législation.

La loi organique du 14 décembre 1789 créa un maire, chef du corps municipal, un procureur de la commune sans voix délibérative, chargé de défendre les intérêts et de poursuivre les affaires de la commune. A côté du conseil municipal, dont le nombre des membres nommés par les citoyens actifs variait de trois à vingt-et-un, il y avait un conseil général de la commune convoqué seulement pour les affaires importantes et composé de notables nommés par les citoyens actifs à la pluralité des suffrages. La constitution du 5 fructidor de l'an III modifia le mode de représentation d'un grand nombre de communes; il n'y eut plus d'administration municipale que dans les communes ayant plus de 5,000 âmes; les communes dont la population était inférieure n'eurent plus qu'un agent municipal et un adjoint; les conseils généraux des communes furent supprimés et les administrations municipales soumises aux administrations départementales qui pouvaient les suspendre en certains cas, et cassaient ou approuvaient leurs actes. La loi du 29 vendémiaire an V constitua le maire, et, à son défaut, l'adjoint, représentant de la commune. La loi du 28 pluviôse an VIII revint au système de la loi du 14 décembre 1789. Toute commune dut avoir une administration municipale. Mais le principe électif fut remplacé par la nomination faite par le préfet ou le gouvernement, suivant les cas. Elle régla avec l'arrêté du 4 thermidor an VIII les fonctions du corps municipal d'une façon plus précise, et conféra au conseil municipal les attributions assignées au conseil général de la commune. La loi du 21 mars 1831 remit en vigueur le principe électif. La loi du 18 juillet 1837 reproduisit à beaucoup d'égards la loi de pluviôse an VIII, et fixa la nature et l'étendue du pouvoir communal. Le décret du 3 juillet 1848 a établi le suffrage universel. De graves modifications ont encore été apportées par la loi transitoire du 7 juillet 1852, confirmée par la loi municipale du 5 mai 1855 qui a abrogé toutes les lois antérieures. Aux termes de l'art. 57 de la constitution reproduit par l'art. 2 de cette loi, la nomination du maire et des adjoints appartient à l'empereur ou au préfet, suivant le nombre des habitants; ils peuvent être pris en dehors du conseil municipal. Le préfet peut suspendre le maire, l'empereur seul peut le révoquer. Le conseil municipal est élu par le suffrage universel, il est nommé pour cinq ans (art. 8). Il peut être suspendu par le préfet; sa dissolution ne peut être prononcée que par l'empereur. La suspension prononcée par le préfet sera de deux mois et pourra être prolongée par le ministre de l'intérieur jusqu'à une année; cependant fonctionnera une commission nommée par le préfet; puis, à l'expiration du délai, si la dissolution n'a pas été prononcée par un décret, le conseil municipal reprendra ses fonctions. En cas de dissolution, la commission est nommée par l'empereur ou le préfet, suivant le nombre des habitants. Le nombre de ses membres ne peut être inférieur à la moitié de celui des conseillers municipaux. Elle pourra être maintenue jusqu'au renouvellement quinquennal (art. 13).

Nous venons d'examiner les principales dispositions législatives sur l'organisation municipale; voyons maintenant quelles sont les attributions du maire et du conseil municipal.

### SECTION I^re^.

### *Du maire et de ses attributions.*

Le maire est tout à la fois le délégué du gouvernement sous l'autorité de l'administration supérieure, et le représentant actif de la commune sous la surveillance de cette même administration. Comme délégué du gouvernement, il a des attributions relatives à l'administration générale, il réunit trois caractères : agent de la loi, il remplit les fonctions d'officier de l'état civil; délégué du pouvoir administratif, il est chargé de l'application et de l'exécution des lois et règlements, de l'exécution des mesures de sûreté générale et des fonctions spéciales qui lui sont conférées par des lois dans l'intérêt de l'ordre, de la force publique ou de l'exercice du culte; délégué de l'autorité judiciaire enfin, il peut être officier de police judiciaire, organe du ministère public devant le tribunal de police, juge de simple police à défaut de juge de paix dans la commune et à de certaines conditions énumérées par la loi, et juge administratif en matière de contributions indirectes et de police de roulage. En sa qualité de représentant de la commune, d'agent du pouvoir municipal, il est chargé spécialement de la police et de la voirie municipales, et de la police rurale. Il peut prendre des arrêtés pour prescrire des mesures sur les objets confiés par les lois à sa vigilance et à son autorité; relativement aux citoyens et aux tribunaux, ces arrêtés ont tous les effets d'une ordonnance ou même de la loi. C'est par rapport à l'administration supérieure que les effets en sont différents. Il faut sous ce rapport en distinguer deux espèces : les temporaires et les permanents; les premiers, exécutoires de suite, n'ont pas besoin de l'approbation du préfet, mais ils doivent être immédiatement adressés au sous-préfet. Les autres doivent être approuvés par le préfet, en ce sens au moins qu'ils ne sont exécutoires qu'un mois après la remise de l'ampliation constatée par les récépissés du sous-préfet. D'ailleurs l'initiative en appartient exclusivement au maire; le préfet peut les casser, il ne saurait les modifier. Chargé seul de l'administration active, le maire nomme à tous les emplois communaux, à moins d'une loi spéciale sur le mode de nomination; il révoque les titulaires. Ces fonctions, il les remplit en vertu d'un pouvoir qui lui est propre, sans avoir à consulter le conseil municipal. Chargé également de la gestion des propriétés communales, il a la direction pécuniaire des intérêts de la commune, seulement alors il n'est que l'agent d'exécution du conseil municipal.

Les fonctions du maire peuvent être déléguées. Il y a deux sortes de délégations : la délégation légale en cas d'absence ou d'empêchement, elle embrasse la totalité des fonctions; et la délégation volontaire et temporaire, quand le maire délègue certaines attributions à ses adjoints; elle ne peut être que partielle.

En cas de négligence ou de refus du maire pour des actes que la loi a rendus formellement obligatoires, le préfet doit adresser une réquisition au maire, et, à défaut d'exécution, y procéder par lui-même ou par un délégué (art. 15).

SECTION II.

*Du conseil municipal et de ses attributions.*

Le conseil municipal rend des décisions, prend des délibérations, émet des avis. Ces trois catégories de votes correspondent aux diverses questions soumises à son examen. Il rend des décisions sur les questions qui n'affectent que la jouissance des biens, n'engagent que le présent et rentrent dans l'administration proprement dite. L'approbation de l'autorité supérieure n'est pas nécessaire; elle n'intervient que pour faire observer la loi violée, ou défendre les intérêts injustement lésés. Quant aux matières qui intéressent la propriété des biens, engagent l'avenir, ou doivent imposer des charges aux habitants, en grevant le budget communal, il en délibère sous la sanction de l'autorité supérieure qui exerce ainsi son droit de tutelle administrative. Il émet des avis sur les objets qui concernent des établissements publics et ne concernent qu'indirectement la commune. Cet avis ne sert que d'instruction, et ne saurait, par conséquent, provoquer de réclamation au nom des droits privés. Il émet des vœux sur des objets d'intérêt local, sans pouvoir toutefois rédiger de protestation, adresse ou proclamation, que le préfet en conseil de préfecture devrait annuler aux termes de l'article 28 de la loi du 21 mars 1831. Enfin, il a un droit de contrôle sur les objets, qui, par leur nature, appellent un examen spécial de comptabilité.

Telles sont en résumé les attributions du corps municipal. D'ailleurs, en parcourant les divers actes qui peuvent intéresser les communes, nous le verrons fonctionner; nous pourrons ainsi constater l'étendue de ses pouvoirs, et les limites dans lesquelles l'autorité supérieure exerce sa tutelle administrative.

## CHAPITRE III.

### DE LA COMMUNE CONSIDÉRÉE COMME PERSONNE CIVILE.

#### SECTION Ire.

#### *De la tutelle administrative.*

Les communes sont considérées comme des sociétés, comme des êtres moraux qui possèdent des biens, et qui peuvent, dès lors, se trouver dans la nécessité d'acquérir, aliéner, emprunter, échanger, et, en un mot, de s'engager d'une manière quelconque; et comme, d'une part, leurs biens sont grevés de substitution perpétuelle au profit des générations futures, que, d'autre part, elles sont placées dans un état constant de minorité, on a dû disposer qu'elles ne pourraient contracter sans l'autorisation ou l'approbation spéciale de l'autorité supérieure. On a craint en effet que les communes, abandonnées à elles-mêmes, ne se laissassent entraîner par l'intérêt du présent à grever l'avenir et ne compromissent ainsi, par un calcul mal dirigé et des mesures inopportunes, leurs droits et leur prospérité. La loi a donc assimilé la commune aux mineurs et aux interdits; elle a exigé des formalités analogues à celles qu'elle exige pour les actes des mineurs, et elle en a confié la tutelle à l'administration supérieure. Nous trouvons au Code civil et au Code de procédure des traces nombreuses des mesures de précaution et de prudence dont la loi a cru devoir entourer les communes. On comprend en effet combien leur situation doit intéresser l'État, à raison des charges plus ou moins considérables qui peuvent être pour les administrés la conséquence de la prospérité ou de la détresse de ces fractions de l'empire. De là ce principe de notre droit public, que les communes sont dans un perpétuel état de minorité :

de là cette tutelle dont la surveillance se manifeste par une autorisation préalable, ou tout au moins par une approbation ultérieure. La royauté en fit un auxiliaire puissant, pour arriver à la centralisation, ce but constant de ses efforts, qui devait assurer à la France le premier rang parmi les nations de l'Europe. Aussi voyons-nous l'autorité royale s'occuper de l'administration des villes, en conséquence de ce principe qu'à elle appartient la tutelle des corporations. Colbert confie aux intendants la tutelle administrative des communes; déjà la déclaration du 22 juin 1659, réintégrant les communes dans leurs biens aliénés, leur avait défendu d'en disposer à l'avenir sans l'agrément du roi et sans un décret de justice. Ces dispositions furent reprises et étendues par l'édit d'avril 1683 et la déclaration du 2 octobre 1703. Nos lois actuelles en ont consacré et reproduit les principes. La tutelle administrative appartient essentiellement au chef du gouvernement ou à ses délégués, le ministre, le préfet et le sous-préfet. Elle appartient, dans certains cas graves, au législateur; les actes de cette tutelle sont des actes de pure administration qui ne sont pas susceptibles d'être attaqués devant le conseil d'État par voie contentieuse (arrêt du conseil d'État du 12 février 1823).

L'autorisation nécessaire pour habiliter la commune à contracter doit être spéciale; elle doit indiquer positivement l'acte qu'il s'agit d'autoriser. Dans l'ancien droit, la manière dont les communes devaient être autorisées était moins précise; ainsi elles pouvaient être obligées par les stipulations passées avec un certain nombre de ses plus notables habitants sachant écrire, etc.

Le défaut d'autorisation rend le contrat nul, sans qu'on puisse toutefois l'opposer à la commune, quand l'acte a reçu son exécution pendant plus de trente ans; car, au point de vue de la prescription, la loi n'a pas assimilé la commune au mineur; elle laisse courir la prescription contre elle et à son profit; toutefois, et c'est là un principe fort important, cette nullité résultant du défaut d'autorisation n'est que relative, c'est-à-dire que la commune non autorisée peut bien s'en prévaloir à l'encontre de la partie avec laquelle elle a contracté, mais que celle-ci ne peut pas l'opposer à la commune. La jurisprudence de la cour suprême est constante sur ce point; on n'a pas voulu qu'un acte de tutelle tout dans l'intérêt de la commune pût, en aucun cas, tourner à son préjudice.

## SECTION II.

### *Contrats.*

En tout temps, les contrats passés par les communes ont été soumis à des formes, à des garanties particulières. Les lois nouvelles ont adopté, quoiqu'avec divers tempéraments, les mêmes idées. Nous signalerons les diverses garanties exigées par les lois et les variations qu'elles ont subies, en étudiant les divers contrats par lesquels les communes sont dans l'usage de s'obliger.

Dans les divers actes de la commune, c'est le maire qui la représente et qui est chargé de traiter en son nom; mais il doit se munir des autorisations exigées par la loi. Le conseil municipal doit, en tout cas, être consulté. L'autorisation de l'autorité supérieure doit être requise. Nous avons dit déjà que tout engagement pris par une commune non autorisée était nul, en ce sens qu'en cas d'inexécution il ne saurait donner lieu à des dommages-intérêts contre elle au profit de celui avec qui elle a traité; et que cette nullité n'était que relative, c'est-à-dire qu'elle pouvait être invoquée par la commune sans pouvoir jamais l'être contre elle.

En général, l'intervention des notaires, bien qu'utile pour la passation des actes des communes, n'est pas d'absolue nécessité (circ. 19 décembre 1840); elle ne l'est que dans les contrats pour lesquels la loi l'a formellement exigée.

### Art. 1er. — *Acquisitions.*

#### § 1er. — *Acquisitions à titre onéreux.*

Les acquisitions des communes, à quelque titre qu'elles aient lieu, n'ont pas échappé à l'attention du législateur sous un double rapport : en ce qu'elles intéressent le bien-être des agglomérations d'individus dont elles peuvent grever l'avenir d'une manière fâcheuse; en ce qu'enfin elles retirent des immeubles de la circulation pour les frapper d'une sorte de mainmorte, aussi préjudiciable au trésor qu'à la richesse du pays. De plus, il est rare que les communautés aient intérêt à acquérir des immeubles, parce que d'ordinaire elles les administrent assez mal, que les frais sont fort élevés, et que les fonds sont bien plus utilement placés en rentes sur l'État.

Leur forme a varié. La loi du 14 décembre 1789 prescrivait la convocation du conseil général de la commune. Le contrôle de l'administration départementale, aux termes de cette loi, était suffisant. Les lois du 10 août 1791 et du 2 prairial an V exigeaient l'autorisation du pouvoir législatif, et l'intervention législative fut maintenue par un avis du conseil d'État (15 nivôse an XIII), qui rejeta la proposition faite par le ministre des finances de supprimer la nécessité de recourir aux formalités de la loi. Toutefois, les lois de 1791 et de l'an V tombèrent en désuétude, « et, comme l'a dit « M. de Cormenin, les idées changèrent; l'au-« torisation par décret fut substituée à l'auto-« risation par la loi. Les ordonnances ont « depuis remplacé les décrets; c'est le mode « actuel, illégal, mais usité. » Une circulaire ministérielle du 18 juin 1806 interdit à tout notaire de recevoir aucun acte d'acquisition d'immeuble faite par les maires au nom des communes, si l'autorisation du gouvernement n'avait pas été préalablement obtenue, et enjoignit aux préfets de faire parvenir au ministre toutes les demandes de cette nature. Un décret du 5 avril 1811 vint donner une sanction pénale à cette mesure en déclarant nulle toute acquisition non autorisée, et en ordonnant le délaissement au compte des administrateurs. La loi du 28 juillet 1824 (art. 10), dont la disposition a été reproduite par la loi du 21 mai 1836 sur les chemins vicinaux, prescrit pour les acquisitions de terrain l'autorisation des conseils de préfecture, après délibération du conseil municipal et enquête préalable *de commodo et incommodo.* La loi de 1837 a visé le cas dans son art. 46. Le conseil municipal, aux termes de cet article, devait en délibérer, mais sa délibération ne pouvait être rendue exécutoire que par arrêté du préfet en conseil de préfecture, ou par le roi, suivant l'importance du budget communal. Le décret du 25 mars 1852 (tableau A, n° 41) a supprimé cette distinction, l'homologation du préfet suffit dans tous les cas.

Toutefois, si la législation a varié sur la nature de l'autorisation, les formalités qui doivent être préalablement accomplies avant d'obtenir l'autorisation n'ont pas changé. Il y a d'abord une estimation contradictoire de l'immeuble par deux experts nommés par le maire et le vendeur. Un plan figuré et détaillé des lieux doit être joint au procès-verbal, au bas duquel le soumissionnaire appose son consentement. Puis on fait une enquête *de commodo et incommodo*, et le tout est soumis au conseil municipal qui doit en délibérer, sans que toutefois la délibération ou celle du conseil de préfecture puisse, en aucun cas, remplacer l'autorisation de l'autorité supérieure. Le procès-verbal de sa délibération est envoyé au préfet pour y être statué immédiatement, sur le vu du budget communal que doit également communiquer le maire, afin que la commune justifie de ressources suffisantes pour solder le prix. Ces acquisitions sont d'ailleurs soumises aux règles du droit commun ; ainsi, les formalités pour la purge des priviléges et hypothèques leur sont applicables; les frais de transcription des actes sont prélevés sur les fonds portés au budget pour les dépenses imprévues. Quant au droit d'enregistrement, la loi du 6 juin 1824 (art. 7) venant modifier la loi de frimaire an VII (art. 70, § 2), a statué que les actes d'acquisition des communes ne seraient soumis qu'à un droit fixe de 10 fr. pour frais d'enregistrement et de transcription hypothécaire, quand les immeubles acquis devraient recevoir une destination publique et ne pas produire d'intérêts. Quant aux quittances que les communes peuvent donner en dehors de ces actes, elles restent soumises aux règles du droit commun, à moins qu'elles ne soient contenues dans l'acte même de transmission de propriété.

Ces acquisitions peuvent avoir lieu, soit par contrat de vente volontaire, soit par adjudication sur licitation et sur saisie, soit par expropriation pour cause d'utilité publique.

Le maire auquel le Code Napoléon (art. 1596)

défend d'acheter un bien de la commune peut pourtant valablement lui vendre le sien. Quoique la différence des motifs n'apparaisse pas bien tout d'abord, c'est un fait constant (lettre min. 27 avril 1810).

Faite sans autorisation, l'acquisition serait entachée de nullité, relative seulement, comme nous l'avons vu. On concevrait toutefois une vente faite à la commune sous la condition d'obtenir *ex post facto* l'autorisation administrative. Le maire, en pareil cas, pourrait accepter conservatoirement la proposition faite à la commune, et en attendant, le tiers ne pourrait ni la révoquer ni s'affranchir de son engagement, qui, en pareil cas, serait conditionnel ; cette condition même se sous-entendra aisément ; car on ne peut supposer qu'une partie ait voulu se lier avec une commune qui ne contracterait aucun engagement définitif.

Aucun délai n'étant fixé pour l'accomplissement de la convention, le maire pourrait toujours faire accomplir en temps opportun les formalités administratives ; mais il serait inique de laisser éternellement une des parties sous le coup d'un acte incertain, et les tribunaux pourront prescrire un délai, passé lequel le contrat devra être résilié si l'autorisation n'a pas été obtenue.

L'autorité judiciaire est compétente pour statuer sur les contestations relatives aux ventes faites aux communes par des particuliers, mais elle cesse de l'être si l'action intentée contre une commune rend nécessaire l'interprétation d'un acte administratif.

Telles sont les formalités prescrites pour les acquisitions d'immeubles par les communes.

L'achat des objets mobiliers se fait d'une manière plus simple. Il suffit d'une délibération du conseil municipal homologuée par le préfet. D'ailleurs, les entreprises pour travaux et fournitures à faire au nom des communes sont en général données avec concurrence et publicité (ord. du 14 nov. 1837). Un cahier de charges est publié et un avis affiché. Les soumissions sont remises cachetées en séance publique. L'ordonnance (art. 2) indique certains cas où il pouvait être traité de gré à gré, tantôt avec l'opprobation du préfet, tantôt avec celle du ministre de l'intérieur; le décret du 25 mars 1852 (A., n° 48) a supprimé cette distinction; le préfet, dans tous les cas, peut statuer. Ces adjudications sont toujours subordonnées à l'approbation du préfet, qui seul peut les rendre valables et définives à l'égard des communes.

### § 2. — *Acquisitions à titre gratuit.*

Dans l'ancien droit romain, les cités étaient

incapables de recevoir à titre gratuit. Personnes incertaines, elles ne pouvaient être instituées héritières (Ulpien, ff., 22, § 5); et d'ailleurs l'adition d'hérédité leur était interdite, puisqu'elles ne pouvaient agir que par représentation et qu'il était de principe qu'une hérédité ne pouvait s'acquérir par représentant (D., L. 65, § 3, *ad S.C. Trebel.*). Peu à peu la rigueur du droit s'adoucit pour les cités; les lois se relâchèrent de la sévérité de leurs principes. La loi *Vectibulici*, sous Trajan, leur assura la succession ab intestat de leurs affranchis; le sénatus-consulte Apronien leur permit de recueillir leurs successions testamentaires (Ulpien, ff., 22, § 5, et D., L. 1, § 1, *de lib. univers.*). Enfin, en 469, Léon leur accorda le droit de recueillir toute espèce de succession testamentaire (C., L. 12, *de hæred. instit.*). De même, quant aux legs, l'ancien droit les déclarait nuls, comme faits à des personnes incertaines. Mais peu à peu on en vint à leur donner une existence individuelle; les cités furent relevées de leur incapacité par Nerva et Hadrien (Ulp., ff., 24, § 28). Cette faveur fut étendue aux villages par Marc-Aurèle (L. 73, § 1, *de legatis*). Les lois 117 et 122 (D., *de legatis*) sont aussi formelles que possible : « On peut, dit la pre-
« mière, léguer à une ville ou à une commu-
« nauté, quelle qu'elle soit, et destiner ce don

« à quelque usage licite et honnête, comme « pour des ouvrages publics, pour la nourri- « ture des pauvres, ou pour d'autres œuvres « de piété ou d'intérêt public. » Les communes figuraient, dans notre ancien droit, une classe des personnes morales désignées sous le nom de gens de mainmorte, et étaient capables de recevoir par libéralités et par dons. Enfin, aujourd'hui, le bénéfice de l'art. 910, C. N., leur est applicable et forme, avec l'article 937, les seules dispositions du Code que nous ayions sur la matière.

Le droit romain, si rigoureux d'abord pour les libéralités faites à des personnes morales, s'était peu à peu relâché de sa sévérité première; il les validait, mais à la condition que l'existence de l'être fictif eût été préalablement reconnue par l'autorité supérieure; là, se bornait l'action du gouvernement. Aujourd'hui cela ne suffit plus; outre l'autorisation première et générale qui donne, pour ainsi dire, la vie civile à l'association, la loi exige encore l'intervention du gouvernement en qualité de tuteur dans chacun de ses actes. Quelle fut l'origine de cette intervention ? C'est là un point contesté; prit-elle naissance à une époque fixe et déterminée, ou n'est-elle qu'un résultat de la force des choses et de l'accroissement incessant du pouvoir royal ? Suivant les uns, elle fut invoquée tout d'abord par les églises et les monastères, qui d'eux-mêmes auraient appelé à leur aide un appui supérieur contre leurs spoliateurs, au risque d'en être dominés; pour d'autres, elle commença à l'affranchissement des communes, qui dès lors passèrent sous la protection immédiate de la royauté. Le roi exerça une sorte de patronage en se mêlant de l'administration de leurs biens, et s'intéressa peu à peu à leur accroissement et à leur conservation. Mais l'autorité qui devait assurer l'exécution de ces libéralités n'eût pas aveuglément prêté son concours, il fallut lui permettre d'examiner, de modifier ou de réviser même l'acte de fondation. Ce droit, une fois obtenu, grandit de jour en jour, devint un attribut considérable de la royauté, et la source d'un revenu important, le droit d'amortissement. Quoi qu'il en soit, cette intervention s'est exercée d'une manière constante depuis le XVe siècle.

Cette autorisation est une condition indispensable; c'est une règle rigoureuse, étroite; ainsi l'abandon d'un droit, la remise d'une dette, bien que dispensés des formes ordinaires des donations, sont cependant soumis à sa nécessité. Elle ne s'appliquerait pas toutefois aux dons manuels consommés par le dessaisissement du donateur et l'appréhension faite par le donataire, à moins toutefois que grevés d'une condition, les fonds provenant du don ne dussent être placés, auquel cas une autorisation serait nécessaire avant d'autoriser le placement des fonds.

Ainsi donc, sous l'empire du Code Napoléon, tous les établissements dont parlent les art. 910 et 937 sont, de droit, capables de recevoir; seulement l'acceptation est subordonnée à l'autorisation de l'autorité supérieure, qui, chargée de veiller aux intérêts de la famille du donateur, aussi bien qu'à ceux des établissements donataires, peut octroyer son autorisation pure et simple, la refuser, ou la renfermer dans des limites déterminées; il importe toutefois de remarquer que cette autorisation porte sur l'acceptation de la libéralité, et non pas sur cette libéralité elle-même, qu'elle ne préjuge en rien la capacité du légataire, ni la légalité de l'acte; ce sont là des appréciations exclusivement réservées à la compétence des tribunaux.

Le gouvernement, on le conçoit, lorsqu'il sera appelé à accorder cette autorisation, devra agir avec prudence. Sa tutelle doit à la fois veiller aux intérêts généraux de l'État, sauvegarder les droits des familles et de la commune donataire ou légataire, et respecter les dernières volontés du défunt.

Le disposant, nous le savons, peut imposer

à sa libéralité telles conditions qu'il juge convenable, pourvu qu'elles ne blessent pas l'ordre public. L'appréciation de ces conditions est toute du ressort des tribunaux civils; néanmoins c'est un élément d'instruction tellement inhérent à l'affaire, que le conseil d'État ne pourrait pas le distraire. On ne saurait d'ailleur méconnaître l'utilité, la nécessité pratique de cette appréciation, qui seule peut mettre l'autorité supérieure en mesure de délivrer son autorisation en parfaite connaissance de cause.

Aux termes de l'art. 910 du Code Napoléon, l'autorisation requise était celle du pouvoir central. Mais depuis lors, le travail de décentralisation s'est fait peu à peu. Une ordonnance royale du 2 avril 1817, intervenue pour l'exécution de cette disposition législative, prescrivit pour les dispositions entre vifs ou testamentaires au profit des communes, l'acceptation en conseil d'État, sur l'avis du préfet et du sous-préfet. La même ordonnance, dérogeant à la règle absolue posée par le Code, permit aux préfets d'autoriser l'acceptation des dons et legs en argent ou objets mobiliers d'une valeur n'excédant pas 300 fr. La loi de 1837 (art. 48) alla plus loin encore. Elle distingua : les délibérations des conseils municipaux ayant pour objet l'acceptation des dons et legs d'objets mobiliers ou de sommes d'argent faits à la commune et aux établissements communaux furent exécutoires en vertu d'un arrêté préfectoral, quand leur valeur n'excédait pas 3,000 francs, et en vertu d'une ordonnance royale, quand leur valeur était supérieure, ou que les prétendants à la succession élevaient des réclamations. Les délibérations qui portaient refus de dons et de legs, et toutes celles qui concernaient des dons et legs d'objets immobiliers, ne furent exécutoires qu'en vertu d'une ordonnance royale. Le décret du 25 mars 1852 (A. 42) est allé plus loin encore. L'autorisation du préfet est suffisante, à moins qu'il ne s'élève une réclamation, sur tout ou partie des dispositions faites au profit de la commune, auquel cas l'affaire doit être soumise à la sanction du chef de l'État, alors même que la réclamation ne porterait que sur une partie des legs (instr. min. 3 mai 1852). Les réclamations dont il est parlé ici n'ont rien de commun avec les contestations juridiques qui pourraient être dirigées contre la validité ou le sens de l'acte. Il ne s'agit ici que d'une faculté pour les prétendants droit à la succession de s'adresser à l'autorité supérieure par la voie administrative pour obtenir la réduction de la disposition testamentaire; cette demande doit être adressée au préfet, qui la joint aux pièces, et elle est communiquée par l'intermédiaire du ministre de l'intérieur avec son avis au conseil d'État, chargé de prononcer en pareille matière. Toutefois, si l'intérêt de la commune le réclamait, le maire pourrait, à titre conservatoire, accepter le don ou legs, en vertu de la délibération du conseil municipal; l'arrêté postérieur du préfet aurait effet du jour de cette acceptation. C'est une heureuse innovation apportée par la loi de 1837 (art. 48) à la rigueur de l'art. 937.

Une question s'est élevée, qui a divisé la jurisprudence sur le point de savoir si les intérêts couraient au profit de la commune à partir de la demande en délivrance formée par le maire avant l'autorisation du gouvernement, ou seulement du jour de la demande en délivrance formée après que l'acceptation a été dûment autorisée. Pour faire courir les intérêts du jour de la demande formée avant l'autorisation requise, on a dit: Les dispositions testamentaires au profit des établissements publics n'ont d'effet, aux termes de l'art. 910, qu'autant qu'elles sont autorisées par le gouvernement; elles sont donc faites sous la condition suspensive de l'autorisation. Or cette condition, une fois accomplie, doit rétroagir au jour où l'engagement a été contracté, c'est-à-dire, dans l'espèce, au jour du décès du testateur (art. 1179). Enfin l'art. 1180, reproduit par l'art. 48 de la loi de 1837, permet au créancier, au légataire, d'exercer avant l'accomplissement de la condition tous les actes conservatoires de son droit. Le but de cette acceptation conservatoire ne peut être que de mettre à même de former la demande en délivrance, qui elle-même n'a d'autre objet que d'empêcher une perte d'intérêts pour la commune. Le législateur, en effet, n'a pas voulu que la commune eût à souffrir de la position qui lui est faite par la nécessité de cette autorisation préalable. Décider autrement, a-t-on enfin ajouté, c'est faire de l'art. 48, *in fine*, une lettre morte, en anéantir tous les effets. En faveur de l'autre système, on a dit : Le légataire particulier n'a droit aux intérêts que du jour de la demande en délivrance (art. 1014), à moins qu'il ne se trouve dans un des cas prévus par l'art. 1015 ; or, les dons et legs faits au profit d'établissements publics n'ont d'effet qu'autant que l'acceptation a été autorisée par l'administration supérieure ; jusque-là le droit est suspendu et incertain dans la réalisation définitive de son existence. C'est donc cette autorisation d'accepter qui imprime au legs un caractère définitif et qui par suite confère à l'établissement public la capacité nécessaire pour le recevoir et à l'héritier la possibilité de se libérer valablement. L'art. 1180 et l'art. 48 de la loi de 1837 donnent bien à la commune créancière, dont le droit dépend d'une condition suspensive, la faculté de faire tous les actes conservatoires de ce droit ; mais, par acte conservatoire on a entendu l'acte qui a proprement pour objet soit de maintenir l'existence d'un droit menacé de périr par le fait d'une déchéance ou d'une prescription, soit de prévenir la perte ou l'altération même du gage pouvant assurer l'utile exécution du droit, et non pas une action dirigée en justice uniquement pour obtenir des fruits ou faire courir des intérêts. Une action de cette nature, en effet, n'a pas pour objet de conserver le droit, mais bien de l'exercer et d'en réclamer le bénéfice immédiat ; c'est là changer et aggraver la position du débiteur que de lui imposer une restitution de fruits ou un payement d'intérêts alors qu'il a devant lui un créancier incapable de recevoir, puisque son droit n'est pas définitivement réglé.

Nous avons examiné le cas où soit une donation, soit un legs, a été fait à une commune par une disposition spéciale. Mais il peut se faire, et le cas s'en présente souvent, qu'un testateur ou un donateur fasse dans un même acte entre vifs ou testamentaire, des libéralités distinctes ou connexes, c'est-à-dire dépendantes les unes des autres, à divers établissements publics, comme, par exemple, à une commune et à une fabrique. Il s'est élevé sur ce point une grave question depuis le décret du 25 mars 1852, qui n'a pas étendu sa décentralisation aux legs faits aux fabriques et l'a restreinte à ceux faits aux communes. On s'est demandé quelle serait l'autorité compétente pour autoriser. Après quelques incertitudes, la jurisprudence du conseil d'État (avis du 27 décembre 1855) a décidé qu'il n'y avait aucune distinction à faire entre les libéralités mixtes ou connexes, et que désormais, quelle que fût la nature de chacune des parties de l'affaire, il suffisait que l'une de ces parties dût être soumise à l'approbation du gouvernement pour que toutes les autres dussent être subordonnées à cette décision. On s'est fondé sur ce qu'en matière de connexité la disposition ne pouvant être scindée, en cas de concours de deux compétences, elle devait être déférée à l'autorité la plus élevée; qu'il n'en saurait être autrement quand l'acte contenait tout à la fois des libéralités en faveur d'établissements publics et ecclésiastiques, dont l'acceptation pouvait être autorisée pour les uns par arrêté du préfet, et devait l'être pour les autres par un décret; que si en effet chaque autorité statuait séparément sur la demande en autorisation de sa compétence, la décision de l'une pourrait influer sur celle de l'autre et lui ôter sa liberté ; que pour décider s'il convenait, eu égard aux circonstances générales de l'affaire, à la fortune du testateur et à celle des héritiers, d'autoriser un legs en faveur d'un établissement ecclésiastique, il était nécessaire que le chef de l'État connût en même temps de toutes les autres libéralités ; qu'en outre, d'ailleurs, des autorités différentes pourraient prendre des résolutions en sens contraire sur les mêmes actes de libéralité ; que, partant, il était plus rationnel de confier le soin de statuer au gouvernement, parce que seul il pouvait embrasser les diverses dispositions dans une vue d'ensemble et apprécier les éléments de décision qu'une instruction commune aura réunis.

### ART. II. — *Échanges.*

Les règles tracées au Code Nap. (1702-1707) s'appliquent aux communes aussi bien qu'aux particuliers, sauf à celles-là à se faire autoriser et à observer les formalités prescrites pour les aliénations et les acquisitions, car l'échange participe de la nature de ces deux contrats.

La commune qui veut échanger doit prouver qu'elle trouve un avantage dans cette opération. Cet avantage peut résulter pour elle de la plus-value de la chose offerte en échange, ou de la convenance du lieu où elle se trouve placée. Il est même de règle (déc. min. 25 déc. 1826) de n'autoriser les échanges entre les communes et les particuliers, qu'autant que les terrains qui seraient attribués à la commune auraient une destination déterminée pour un service municipal; car il est de principe qu'il y a toujours plus d'intérêt pour la commune à vendre et à placer le produit en rente sur l'État (déc. min. sept. 1837).

Le maire ne peut pas plus contracter d'échange que d'acquisition avec sa commune. C'est une conséquence incontestable des articles 1596 et 1707 combinés (déc. min. 1er février 1840). Il y avait toutefois exception pour le cas de cession de terrain en exécution d'un plan d'alignement ou d'ouverture de chemins (déc. min. 19 nov. 1841). Les formalités sus-indiquées pour les aliénations et les acquisitions sont suffisantes pour les échanges entre deux communes, ou entre une commune et un particulier. Il n'en est pas de même quand il s'agit d'un échange entre l'État et une commune. En pareil cas, l'intervention du législateur est nécessaire (avis du C. de l'Int., 28 nov. 1831).

### Art. III. — *Aliénations et hypothèques.*

I. Le principe de l'inaliénabilité des biens

communaux a disparu de la législation ; celui de la nécessité de l'autorisation préalable a semblé présenter des garanties assez grandes pour sauvegarder suffisamment les intérêts de la commune, sans lui interdire toutefois des actes qui peuvent à l'occasion présenter de grands avantages. Ce principe avait déjà cessé d'être admis lors de la révolution de 1789, car la vente des biens communaux se faisait avec l'autorisation du prince. Le législateur a regardé cette autorisation comme suffisante. La loi du 14 décembre 1789 (art. 54) admit implicitement la vente des propriétés communales sur la délibération du conseil général ; la loi du 10 août 1791 permit aux communes de vendre leurs biens pour acquitter leurs dettes, sous la condition de présenter au directoire du district une pétition qui devait être soumise au directoire du département ; la loi du 2 prairial an V disposa qu'à l'avenir il ne serait fait ni vente, ni échange, sans une loi ; la loi du 9 ventôse an XII confirma cette disposition ; puis le gouvernement impérial autorisa les aliénations sur de simples décrets. Ce régime fut suivi sous la Restauration ; la loi de 1837 se borna à exiger l'autorisation du préfet ou du roi, suivant le plus ou moins de valeur des biens à aliéner ; le décret du 25 mars 1852 (A, 41) déclara l'autorisation du préfet en tous cas suffisante.

L'aliénation peut avoir lieu pour les meubles aussi bien que pour les immeubles; mais à l'égard des objets servant à l'usage public de la commune, la vente n'en est pas permise, à moins qu'ils n'aient perdu leur destination, et qu'ils ne puissent rentrer dans la propriété privée. L'aliénation est une mesure grave qui diminue le patrimoine de la commune, et ne doit être autorisée qu'avec grande circonspection en cas d'urgence et d'avantage évident; l'on doit toujours, autant que possible, lui préférer une imposition extraordinaire (circ. 31 mai 1833 et 13 septembre 1835). La loi a donc prescrit pour son accomplissement des formalités rigoureuses. Le conseil municipal sera appelé à en délibérer, et devra motiver sa délibération (Int., 16 août et 27 septembre 1833). On fera faire une enquête *de commodo et incommodo*. La mise à prix sera fixée par une estimation régulière; la loi, en n'indiquant pas un mode pour déterminer la valeur de la chose mise en vente, a nécessairement supposé que l'appréciation serait faite suivant les usages de l'administration. Un cahier de charges sera rédigé par avance, et l'aliénation entourée de la plus grande publicité. Le budget sera joint aux pièces qui seront remises au sous-préfet pour qu'il donne son avis, puis envoyées au préfet qui a[illegible]dera ou refusera son autorisation. L'autorisation une fois obtenue, la vente sera faite aux enchères par le maire assisté de deux membres du conseil municipal et du receveur municipal. Toutes les difficultés qui peuvent s'élever sur les opérations préparatoires de l'adjudication sont levées séance tenante par le maire, qui remplit par exception des fonctions contentieuses, et par les deux conseillers assistants, sauf le recours de droit devant le préfet, puis le ministre, et enfin le conseil d'État, où l'on peut, dans les trois mois, attaquer la décision ministérielle (art. 16).

Le mode d'aliénation par soumissions cachetées sur un minimum fixé à l'avance est peu applicable à la vente des biens communaux; on ne l'emploie guère que pour les marchés de fournitures; mais si l'on craint une collusion entre les concurrents, on peut sortir des usages reçus et employer l'adjudication au rabais employée avec succès par l'administration des eaux et forêts.

Il est de principe que la vente doit être faite aux enchères. C'est qu'en effet la vente à l'amiable est toute d'exception et présente bien moins de garantie; elle peut cependant être autorisée s'il y a avantage évident, s'il s'agit d'un objet d'une valeur minime, ou si la vente est faite à un autre établissement public (Intér.; 18 décembre 1835). Pareillement quand l'usurpateur d'un bien communal fait la déclaration prescrite par l'ordonnance réglementaire du 23 juin 1819 (art. 2); la commune, en pareil cas, abandonnera à l'usurpateur le bien usurpé, moyennant le payement des quatre cinquièmes de la valeur actuelle, déduction faite de la plus-value résultant des améliorations (art. 3); c'est là souvent une transaction qui permet d'éviter un procès en revendication. De même encore quand il s'agit de l'exécution d'alignements de voirie rurale ou urbaine; en cas d'aliénation totale ou partielle d'un chemin vicinal, les riverains peuvent exercer le droit de préemption, et ainsi s'opposer à l'adjudication publique (19-21 mai 1836).

Le maire en aucun cas, même en présence d'un avantage certain, ne peut consentir à l'aliénation d'un terrain communal sans l'autorisation du conseil municipal et une estimation préalable; autrement la vente serait nulle. Toutefois, malgré l'assimilation à peu près constante de la commune au mineur, nous ne devrions pas lui étendre le bénéfice de l'article 2252, car la prescription de dix ans contre l'action en nullité ou en rescision des conventions est opposable aux communes comme aux particuliers, alors même qu'il s'agit d'une aliénation que le maire a consentie en cette qualité, mais sans autorisation régulière (Cass., 19 juin 1838).

A l'adjudication, les étrangers doivent être admis aussi bien que les habitants de la commune eux-mêmes; c'est de principe pour la vente des biens du mineur (C. N., 1687) dans l'intérêt de la concurrence; d'autre part, les art. 1596, C. N., et 175, C. de pr. civ., défendent aux administrateurs des communes de se rendre adjudicataires par eux-mêmes, ou par personnes interposées, des biens confiés à leurs soins. Le maire en est donc complétement incapable, mais cette incapacité n'est pas étendue aux conseillers municipaux qui ne sont pas administrateurs de la commune; ils ne peuvent en aucune façon influer sur l'adjudication, excepté quand ils assistent le maire pour cette adjudication, auquel cas d'ailleurs l'art. 1596 les atteindrait. Le sous-préfet et les receveurs municipaux ne rentrant pas dans la classe des personnes exclues par l'art. 1596, peuvent se rendre valablement adjudicataires des immeubles communaux; le maire lui-même, en cas d'usurpation par lui faite, pourvu qu'il se conforme à l'ordonnance du 23 juin 1819 (art. 2 et 3).

Le produit de la vente doit être porté en recette extraordinaire au budget de la commune, et converti en rentes sur l'État. Cependant, s'il avait été destiné à quelque besoin communal, on devrait le verser en compte courant au Trésor, en attendant qu'il fût employé.

La loi de 1837, malgré ses innovations, n'a pas entendu abroger les lois spéciales, qui, pour des cas ou des matières déterminés, ont tracé des règles et exigé des garanties particulières. Ainsi notamment pour ce qui regarde les bois, la loi de 1837 n'a aucunement modifié les dispositions du Code forestier. Tout ce qui tient aux bois soumis au régime forestier, est réglé par des ordonnances ou des décrets, et le préfet, en aucun cas, ne peut en autoriser l'aliénation, quelle qu'en soit la valeur (avis du 30 juillet 1840).

Les habitants intéressés à ce que les biens, dont l'aliénation est projetée, restent dans le domaine communal, peuvent et doivent adresser leur opposition motivée au préfet chargé d'approuver la délibération municipale ; le conseil municipal a dû de son côté examiner et peser les observations que les opposants ont fait entendre dans l'enquête, et ses réponses doivent être jointes aux pièces à produire pour valoir ce que de droit.

Il est de principe que les tribunaux civils sont seuls compétents en matière de droits réels ; il en résulte donc que toutes les contestations soulevées par des actes d'aliénation communale, les actions en nullité pour vices de formes, les questions d'interprétation ou d'exécution des actes d'adjudication, surenchère ou autres semblables, les contestations relatives à l'exécution des clauses et conditions des actes de vente, au payement du prix, sont de la compétence exclusive des tribunaux civils ; mais c'est aux conseils de préfecture de connaître des contestations qui peuvent s'élever entre l'adjudicataire d'un bien communal et la commune sur les limites de l'objet vendu. Les conseils doivent se déterminer uniquement d'après le procès-verbal d'estimation ; si ce procès-verbal fixe des limites certaines, ils doivent se borner à les déclarer et renvoyer devant les tribunaux civils pour faire prononcer sur les difficultés relatives à la propriété, au bornage, etc.

Quant à la vente des objets mobiliers, les règles sont les mêmes : autorisation préalable, puis mise aux enchères ; quant aux rentes possédées par les communes, il était de principe, dès avant le décret du 25 mars 1852, qu'elles pouvaient être aliénées sur un simple arrêté du préfet.

Il nous reste à examiner la question de savoir si la surenchère est possible sur l'adjudication d'un bien communal comme sur celui d'un bien de mineur. Les auteurs et la jurisprudence sont divisés. En faveur de la surenchère on dit qu'aux termes de l'art. 965, C. de proc. civ., la surenchère du sixième établie par l'art. 708 au même Code est admissible de la part de toutes personnes, toutes les fois qu'il s'agit de la vente des biens d'un incapable ; or les communes sont assimilées à des mineurs, et toutes les fois qu'il n'y a pas été dérogé, le droit commun leur est applicable, la surenchère doit donc être admise. Le législateur, d'ailleurs, en introduisant dans nos lois cette exception aux principes généraux sur les ventes, a entendu veiller d'une manière toute spéciale à ce que les intérêts des personnes incapables d'aliéner ne fussent pas sacrifiés, mais au contraire protégés contre toute surprise ; ces motifs sont donc nécessairement applicables à l'adjudication des biens des communes. A cela, on fait victorieusement, selon nous, en faveur de la négative, les réponses suivantes : La surenchère est une mesure exorbitante du droit commun, puisqu'elle ne tend à rien moins qu'à dissoudre un contrat précédemment formé ; elle doit donc, pour pouvoir être appliquée, résulter d'un texte formel ; or aucun texte n'étend la surenchère aux ventes de biens communaux. Mais, dit-on dans l'opinion contraire, les communes sont assimilées à des mineurs ; l'art. 965 leur est donc applicable. Il n'en est rien ; l'art. 537, Code Nap., dispose que les biens qui n'appartiennent pas à des particuliers doivent être aliénés dans les formes et suivant les règles qui leur sont spéciales; il suit donc de là que les règles du Code Nap. et du Code de procédure sur les aliénations sont inapplicables à l'aliénation des biens communaux qui doit être régie par les lois et règlements administratifs. L'assimilation au mineur est peu concluante, car il existe entre le mineur et la commune des différences essentielles fondées sur leur nature et sur leurs droits ; c'est ainsi que le bénéfice de l'art. 2252 n'est pas accordé à la commune, tandis que le mineur en profite. En admettant d'ailleurs le principe de l'art. 965 du Code de proc. civ., les règles tracées par ce Code seraient inapplicables aux ventes administratives. Enfin aucun texte administratif ne fait mention de la surenchère, et même il a été constamment reconnu qu'elle n'était pas permise dans l'aliénation des biens nationaux, à laquelle a été assimilée par le décret des 5 et 10 août 1791 (art. 2) l'aliénation des biens communaux. Par toutes ces raisons donc, en l'absence de texte formel, en présence d'usages constants à l'endroit d'un acte exorbitant du droit commun, nous inclinons à penser que la surenchère ne doit pas être permise.

La vente des biens meubles et immeubles de la commune, autres que ceux qui servent à un usage public, peut, sur la demande de tout créancier porteur de titre exécutoire, être autorisée par le préfet qui détermine les formes de la vente. C'est là une innovation introduite par la loi de 1837 (art. 46) pour combler une lacune, en donnant aux créanciers des communes ce qu'ils n'avaient pas eu jusque-là, une action sur les biens communaux. La commission de la chambre des pairs avait demandé le rejet de cette disposition ; mais elle fut maintenue sur les observations de M. Girod de l'Ain, qui fit remarquer que l'autorisation exigée en pareil cas devait pleinement rassurer sur le sort des biens communaux ; qu'en effet, le gouvernement se garderait bien d'autoriser l'aliénation, si elle devait nuire aux intérêts de la commune ou de l'État ; que d'ailleurs on devait s'en rapporter à l'administration pour le soin d'apprécier les circonstances et les vrais intérêts. C'est là une disposition fort importante. Les créanciers de la commune, en effet, ne sont pas dans la même position que ceux d'un particulier ; les art. 2092 et 2093, C.N., ne peuvent être invoqués par eux. La commune a un budget, et les créanciers n'ont pour se faire payer que la voie de l'ordonnancement ; la dette figure au budget comme dépense obligatoire, et elle est couverte par une imposition extraordinaire, à défaut de ressources ordinaires suffisantes ; c'est là le droit commun. L'art. 46, en outre, leur accorde le moyen d'arriver au payement de leurs créances par la vente des biens de la commune. Sur ce point des doutes se sont élevés sur la question de savoir si le consentement du conseil municipal était nécessaire, ou si l'administration préfectorale pouvait, nonobstant sa délibération, autoriser, à la requête d'un créancier, la vente d'un bien communal. L'article 19 prescrit, il est vrai, pour toute vente, une délibération du conseil municipal, mais nous pensons que l'art. 46 est venu déroger à cette règle générale; placé en dehors du droit commun, il a dû donner au préfet le droit de procéder à la vente, malgré la volonté du conseil municipal.

Toutefois, après la vente autorisée par le préfet, il ne s'ouvre pas, comme dans toute vente sur saisie, un ordre sur la distribution du prix. Les créanciers de la commune se font délivrer par le maire un mandat sur la caisse municipale, sur la présentation duquel ils obtiendront leur payement.

II. Pour constituer une *hypothèque*, aussi bien que pour en donner main levée, les mêmes autorisations sont exigées que pour aliéner. Le maire ne peut procéder qu'avec l'autorisation du conseil municipal rendue exécutoire par arrêté du préfet. Quant aux inscriptions prises ou à prendre au profit de la commune, c'est aux receveurs municipaux de les prendre et de les surveiller dans l'intérêt et à la requête de la commune ; c'est à eux aussi d'en consentir la radiation sous l'approbation des surveillants légaux de la commune.

## Art. iv. — *Emprunts.*

Les emprunts sont des actes fort graves dont l'abus pourrait produire pour les communes des résultats ruineux; aussi l'autorité a-t-elle prescrit, à cet égard, les mesures les plus rigoureuses.

Les lois des 14 et 22 décembre 1789, 7 février et 10 août 1791, exigeaient pour les emprunts l'autorisation du pouvoir législatif. La loi sur les finances du 15 mai 1818 (art. 43), reproduite par la loi de 1837 (art. 41), exige l'ordonnance royale ou l'autorisation du pouvoir législatif pour les communes, suivant que leur revenu est inférieur ou supérieur au taux adopté comme point de démarcation entre elles; elle exige de plus, et comme surcroît de garantie, le concours des habitants les plus imposés aux délibérations du conseil municipal dans les communes de l'ordre inférieur; il importe, en effet, que le conseil municipal ne puisse pas consentir une mesure qui retomberait sur les plus imposés, sans que ceux-ci aient pu donner leur avis avec une autorité égale à celle du conseil lui-même. C'est là une conséquence de ce vieux principe des états généraux et provinciaux, et des communes, que le peuple en France ne peut pas et ne doit pas être taxé sans son consentement. Le décret du 25 mars 1852 n'a pas modifié ces dispositions; toutefois la loi du 10 juin 1853 a délégué au gouvernement le droit temporaire d'autoriser, dans l'intervalle des sessions 1853-1854, les emprunts qui auront pour objet le remboursement des dettes communales par des annuités dont le terme ne pourra excéder cinquante ans, et qui comprendront l'intérêt et l'amortissement du capital.

L'autorisation ne se délivre qu'en parfaite connaissance de cause. Ainsi, à l'appui des propositions d'emprunt, on devra produire, outre la délibération municipale, motivée et indiquant les conditions de l'emprunt et les ressources avec lesquelles on compte l'acquitter, le relevé exact des recettes et des dépenses ordinaires, d'après le compte des trois derniers exercices, pour éclairer sur l'avenir, l'état des dettes de la commune, l'énoncé des charges ou travaux que doit couvrir l'emprunt, le budget de l'exercice courant, et enfin l'avis du préfet et du sous-préfet. L'autorisation, sur le vu de ces différentes pièces, pourra être accordée; l'emprunt, toutefois, devra être effectué à l'époque convenue, sinon une autorisation nouvelle serait nécessaire.

Les emprunts, une fois autorisés, doivent avoir lieu avec publicité et concurrence, c'est-à-dire par voie d'adjudication après rédaction préalable d'un cahier de charges fixant le maximum d'intérêts que payera la commune. Ce maximum, après quelques variations, a été fixé en dernier lieu à 5 % (circ. min. du 16 avril 1847). Ils peuvent se faire encore par un traité passé avec la Caisse des consignations, qui prête aux communes à 4 1/2 % pour un temps qui ne doit pas excéder douze années, et en leur accordant toutes les facilités compatibles avec ses règlements. Le mode et l'époque du remboursement de l'emprunt, ainsi que les ressources qui y seront affectées, doivent être arrêtés à l'avance. Si la commune, pour se libérer, proposait un supplément d'octroi, il y aurait lieu de communiquer au ministre des finances, pour être par lui répondu sur la proposition d'augmentation des droits d'octroi (avis, 4 sept. 1833). Ce moyen d'ailleurs ne devrait être employé qu'à défaut de toute autre ressource, en des cas urgents, et à condition que la durée de cet accroissement des droits d'octroi serait limitée au terme du remboursement. Pareille communication serait encore due au ministre des finances, au cas où la commune proposerait de rembourser l'emprunt au moyen d'une imposition extraordinaire, ce qui est le mode le plus usité. On s'est demandé si depuis la loi de 1837 (article 46), les communes pouvaient garantir leurs emprunts par une hypothèque; la négative, avant cette loi, n'était pas douteuse (lettre min., 30 janvier 1835). On a dit que la loi nouvelle dérogeait à ces principes, et avec raison, selon nous; toutefois, l'administration ne peut accorder de pareilles autorisations qu'avec la plus grande réserve.

L'emprunt, nous l'avons dit, est une opération périlleuse; la loi l'a entouré des garanties les plus sévères; c'est une ressource exceptionnelle; la loi n'a pas voulu qu'elle pût être dissimulée sous la forme d'un autre contrat, ni devenir un élément de spéculation. Aussi, elle a prohibé tout mode d'emprunt dont l'effet serait de diviser la dette en coupons transmissibles par endossement et comme effets de commerce, et empêcherait la commune de se libérer avant le terme fixé, si ses ressources venaient à le lui permettre (avis du 6 janv. 1835). Une ordonnance ne suffirait pas, une loi serait nécessaire pour autoriser des emprunts avec primes, comme le sont, par exemple, ceux de la ville de Paris (avis du 11 janvier 1832). Le comité de l'intérieur, par un avis du 16 novembre 1831, défendit également aux communes de créer des bons au porteur pour l'acquittement de leurs dettes; c'est là un véritable emprunt déguisé, qui doit être accompagné des formalités prescrites. Il est également de principe que le conseil municipal ne peut, sans accomplir les formes requises pour l'emprunt, traiter avec un entrepreneur pour une opération d'utilité communale, en stipulant que la dépense ne sera payée qu'en plusieurs années, et sauf à lui tenir compte de l'intérêt de ses avances; c'est là un véritable emprunt pour lequel des garanties sont nécessaires. Il est de règle, en effet, que toutes les fois que l'opération ressemble à un emprunt, on devra observer les règles tracées par la loi pour les emprunts des communes.

Si l'emprunt est dangereux pour l'emprunteur, il est souvent avantageux pour le prêteur; c'est pourtant un placement que le conseil d'État interdit aux communes (Avis du 9 août 1838); les fonds libres, en pareil cas, devraient être placés au Trésor ou en rentes sur l'État.

## ART. V.—*Contrats divers.*

### § 1er. — Transactions. — Compromis.

I. Dans l'ancien droit, les transactions des

communes devaient être consenties par la majorité des habitants et effectuées par les échevins ou maires; elles étaient en outre homologuées par l'intendant de la province. Toutefois, quand les transactions sur procès avaient été homologuées sur les conclusions formelles du procureur général du roi, par arrêt passé en force de chose jugée, elles étaient à l'abri de toute critique, bien que l'intendant de la province ne les eût pas homologuées.

Le Code Napoléon (art. 2045) a reproduit l'arrêté du 21 frimaire an XII et exigé, pour que les communes pussent transiger, l'autorisation expresse du roi. La loi de 1837 (art. 59) a distingué; elle exige l'homologation du pouvoir central pour les transactions consenties par un conseil municipal quand il s'agit d'objets immobiliers ou d'objets mobiliers d'une valeur supérieure à 3,000 fr.; l'autorisation du préfet fut déclarée suffisante pour les transactions moins importantes. Enfin, le décret du 25 mars 1852 (A. 43) a donné au préfet le droit d'autoriser les transactions sur toute espèce de biens, quelle qu'en fût la valeur. Cette extension donnée, en cette matière, à l'autorité préfectorale est regrettable peut-être; car, dans la transaction, à la différence des contrats d'aliénation et d'échange, la commune peut faire des sacrifices et ainsi ne pas recevoir un prix équivalent à ses concessions; c'est ce qui expliquait la rigueur de l'ancien droit, et on peut, peut-être avec raison, regretter, comme le fait M. Laferrière, que cette autorisation ait été enlevée au pouvoir central.

L'arrêté consulaire du 21 frimaire an XII avait exigé une consultation préalable de trois jurisconsultes désignés par le préfet et l'avis du conseil de préfecture, quand les procès nés ou à naître étaient relatifs à des droits de propriété. La loi de 1837 est restée muette à cet égard; mais on doit supposer que le législateur a entendu maintenir cette disposition. C'est un point de ressemblance de plus avec les mineurs (C. N., 2045, 467).

Quand l'autorisation a été accordée suivant les formes prescrites, les parties se trouvent liées irrévocablement et peuvent être contraintes par toutes les voies de droit à exécuter leurs conventions; ce n'est toutefois qu'une simple mesure de tutelle administrative qui ne préjuge en rien le mérite du contrat et ne fait pas obstacle à ce qu'on l'attaque pour dol, erreur ou fraude. Il appartient donc aux tribunaux, et non à l'autorité administrative, de connaître des contestations qui pourraient surgir sur la légalité ou la régularité de l'acte.

La commune qui voudrait attaquer une transaction par elle faite n'aurait pas besoin de demander la rétractation de l'autorisation qui lui a permis de la consentir ; elle n'aurait qu'à obtenir l'autorisation du conseil de préfecture pour introduire son instance.

II. *Compromis.* — Le Code de procédure (83-1° et 1004) défend de compromettre dans toutes les affaires qui concernent les communes ou sections de commune. Il y aurait donc lieu d'annuler le jugement arbitral rendu entre deux sections de commune, encore bien que l'arbitrage ait été autorisé par le sous-préfet et homologué par le conseil de préfecture. Quelques auteurs ont vu, il est vrai, dans l'arbitrage une sorte de manière d'arriver à la transaction ; mais ce mode est rejeté quand le compromis doit être signé par des incapables, comme des mineurs, des communes ou des établissements publics.

### § 2. — Acquiescement et désistement.

La nature de l'autorisation varie suivant que ces contrats se rapprochent plus de tel ou tel autre. Ainsi, parfois ils prennent le caractère d'aliénation, de transaction; en ce cas, l'autorisation nécessaire sera celle du préfet, exigée par la loi pour les ventes faites par les communes; leur but n'est-il au contraire que de terminer une instance, l'autorisation du conseil de préfecture sera suffisante. Toutefois dans la pratique les acquiescements et les désistements se font dans la forme des transactions. Cette précaution est bonne, car elle tend à prévenir tout procès qui pourrait par la suite s'élever sur la question de savoir si ces actes ont été valablement autorisés. Il est en effet beaucoup de cas où il est difficile de voir s'ils constituent une aliénation ou une simple renonciation à un droit qui n'avait réellement aucun fondement.

La commune ne peut pas non plus, sans y avoir été autorisée, accepter un désistement. Ainsi l'a décidé la cour de Colmar, le 3 août 1837; il s'agissait du désistement d'un appel. Il semble tout d'abord qu'une pareille solution n'est pas juste, puisque, dit-on, le désistement ne produit d'autre effet que d'attribuer au jugement attaqué la force de chose jugée et de confirmer ainsi les droits qui en résultent au profit de la commune; mais nous répondrons qu'il peut se faire que le jugement, tout en donnant gain de cause à la commune sur un point, la condamne sur un autre; qu'en pareil cas, l'appel de son adversaire lui ouvrant la faculté de former elle-même appel incident pour obtenir la réformation de la partie du jugement qui lui était défavorable, lui permettre d'accepter sans autorisation le désistement de l'appel principal, ce serait la laisser se fermer ainsi la voie de l'appel incident et renoncer à des droits qui pourraient être fondés.

Quant au partage des biens communaux, aux baux qui peuvent être consentis par les communes, nous en renvoyons l'étude au chapitre 4.

## SECTION III.

### *Quasi-contrats.*

Nous avons vu la commune s'obliger par contrats, elle peut aussi être obligée par des quasi-contrats. Quant à ce qui est du payement de l'indu, pas de difficulté; si elle a reçu ce qui ne lui était pas dû, elle doit, comme tout autre, le restituer, elle ne peut s'enrichir sans cause aux dépens d'autrui.

Elle peut aussi, ce nous semble, être obligée par gestion d'affaires. Toutefois, si la commune est une personne civile qui peut contracter et s'obliger, il faut se rappeler qu'à côté de cette personnalité civile de la commune, il y a une sorte de personnalité publique qui a nécessité des règles devant lesquelles peuvent et doivent fléchir dans une certaine limite les principes du droit commun. Nous savons que le maître dont l'affaire a été bien administrée (art. 1375) doit remplir les engagements contractés en son nom et rembourser les dépenses utiles et nécessaires. S'agit-il d'une dépense nécessaire acquittée par le gérant, a-t-on par exemple acquitté une dette de la commune, il y a gestion utile pour la commune, elle est tenue de rembourser. S'agit-il au contraire d'une dépense utile, la question est plus délicate : si l'autorité supérieure approuve, la ratification vaut mandat, et la commune est obligée ; mais si cette ratification est refusée, nous pensons que le gérant d'affaires ne peut pas invoquer l'article 1375 ; et c'est en cela que le caractère public, politique de la commune doit venir modifier les règles du droit commun ; en effet, quand la loi de 1837, en matière de dépenses facultatives, ne permet pas à l'administration supérieure d'imposer à la commune une dépense que n'a pas votée le conseil municipal, il serait bizarre qu'une personne plus ou moins bien intentionnée pût, en faisant ainsi une dépense, l'imposer à la commune et l'obliger. Ce serait là un résultat regrettable, et nous ne pensons pas qu'il puisse être admis à raison du caractère complexe de la personnalité des communes.

## SECTION IV.

### *Délits et quasi-délits.*

Nous avons vu la commune obligée par contrats et quasi-contrats, nous allons maintenant la voir obligée par quasi-délits et par délits.

Personne morale, personne civile, la commune a des droits qu'elle exerce à ses risques et périls par ses représentants ou ses préposés; sous ce point de vue, elle répond du fait de ses agents dans les termes ordinaires du droit. C'est un particulier qu'on force de réparer le préjudice causé par ses préposés, aux termes de l'art. 1384, Code Nap. Vainement on a objecté que ce principe de responsabilité ne saurait atteindre les communes, parce que, en commettant des actes de cette nature, ses agents ont excédé leurs pouvoirs, et que, n'étant pas dans les termes de leur mandat, ils ont cessé de la représenter. Cette objection est loin d'être déterminante, car elle s'appliquerait aussi bien à tous les délits et quasi-délits qui engendrent une responsabilité au préjudice des parents, maîtres et commettants, de quelque nature qu'ils soient; au surplus, la jurisprudence a confirmé le principe de cette responsabilité par rapport aux communes. Toutefois, si la commune est responsable des actes de ses agents, elle ne l'est pas indistinctement; ainsi, l'on conçoit que, quand le maire agit comme agent du gouvernement, ses actes ne peuvent en aucune façon engager la commune, qu'il ne représente pas en pareil cas. Aussi a-t-il été jugé que les arrêtés du maire, comme magistrat de police, ne peuvent nullement entraîner la responsabilité de la commune (cass. 24 déc. 1839). La commune ne répond que des actes que le maire fait en qualité de tuteur, quand elle les a autorisés, et il est bien entendu que, si le maire, agissant comme représentant de la commune, ne s'était pas renfermé dans la limite de ses attributions, il pourrait être responsable personnellement.

Mais à côté de cette responsabilité du droit commun, il en existe une autre fort grave et tout exceptionnelle, qui pèse sur la commune quand des délits ont été commis dans de certaines circonstances.

Cette responsabilité tient à la nature sociale de la commune. Corps social, légalement organisé, elle doit protéger tous ses membres, sauvegarder tous les intérêts. Le devoir social est violé, si la commune faillit à son devoir de protection au moment du péril, et elle doit être responsable de sa faute.

Le principe de cette responsabilité n'est pas

nouveau, nous le retrouvons dans la plus haute antiquité. Les Égyptiens mettaient à la charge de chaque ville les funérailles des habitants tués sur leur territoire. C'est qu'en effet, chez tous les peuples primitifs, la difficulté de découvrir les coupables a dû faire admettre que tous leurs concitoyens seraient tenus de se livrer ou de participer à la réparation de leur crime. Ainsi, la phratrie et la curie athéniennes expiaient les mauvaises actions de leurs membres; la loi romaine (D., L. 1, 19) disait en ce sens : « *Quod major pars curiæ effecit, pro eo* « *habetur ac si omnes egerint.* » Toutefois, la responsabilité n'était formellement établie par les lois romaines que contre les décurions en cas de non-recouvrement des impôts dus au fisc impérial. D'autres textes au Code (C. 10, t. 31, L. 39) contiennent le principe de la responsabilité en germe peut-être, mais assez nettement dessinée. Le même principe était en vigueur chez les Germains et chez les Normands, où la centaine et la paroisse étaient constituées responsables du fait commis sur leur territoire. L'ordonnance de Blois, 1579, art. 196, menaçait d'amendes, en cas de crimes commis dans les villages, si l'on ne poursuivait pas en toute diligence les malfaiteurs. La responsabilité des membres de la commune fut reconnue par Louis XIII, à l'occasion des troubles de Normandie. Une déclaration du roi, du 8 janvier 1640, porta que les gentilshommes dans leurs terres, les magistrats et officiers du roi et autres qui avaient charge dans les villes, seraient responsables des soulèvements, et considérés comme complices. L'ordonnance criminelle de 1670 établissait une responsabilité générale en cas de rébellion, violence ou autre crime; la condamnation se poursuivait contre un syndic des habitants, et l'indemnité était garantie par les biens communaux, ou une taxe prélevée spécialement. D'autre part, nous retrouvons dans l'ordonnance de 1697 la responsabilité des seigneurs féodaux à l'endroit des désordres de leurs fiefs, et des peines infligées à la négligence de ceux chargés de poursuivre les délits commis dans l'étendue de leur juridiction. La révolution de 1789 ayant rendu aux communes leur individualité, et leur ayant permis d'avoir des milices organisées, on comprit qu'il était juste de les soumettre à une responsabilité spéciale pour le cas où l'ordre viendrait à être compromis dans leur sein. Personne ne songea à rendre la commune responsable des méfaits individuels; cette responsabilité ne dut s'étendre qu'aux méfaits résultant de rassemblements, d'attroupements, de réunions que le maire devait faire dissiper par la garde nationale. Le décret du 23 février 1790, dû à l'initiative de citoyens obscurs, Dalley-Dagier et Dupont, trouva dans Cazalès, Maury, Barnave et Mirabeau de brillants défenseurs; la commune fut déclarée responsable des dommages qu'elle aurait pu empêcher dans le sein de son territoire; on constitua le principe de la solidarité entre tous les membres de la société communale, et le droit de l'assistance mutuelle entre les communes. Ce principe a été repris et développé par la Convention, qui, après des mesures partielles (17 juillet 1792, 5 mars 1793) nécessitées par les troubles politiques, rendit le fameux décret du 10 vendémiaire an IV. Aux termes de ce décret, tous citoyens habitant la même commune sont civilement garants des attentats commis sur le territoire de la commune, soit envers les personnes, soit envers les propriétés. L'objet de cette loi était essentiellement utile et moral. On voulait, en menaçant ainsi les bons citoyens d'une responsabilité sérieuse, les détourner d'une participation active, et de toute excitation aux attentats punis par la loi, assurer leur prompte obéissance et leur concours efficace pour la répression des excès, ainsi que leurs efforts constants pour prévenir le mal et en arrêter le cours.

On s'est demandé si cette loi, faite à une

époque d'anarchie et de troubles, n'était pas seulement transitoire, et devait survivre aux circonstances extraordinaires au milieu desquelles elle avait pris naissance. Son existence a été surtout contestée dans les premières années de la Restauration. On disait que le pouvoir nommant les officiers municipaux, que la garde nationale n'existant plus, la commune avait perdu sa personnalité. C'était là une loi toute de circonstance, abrogée par la loi du 30 ventôse an XII. D'ailleurs, ajoutait-on, l'art. 1382 du Code Napoléon, les art. 96, 440 et 475 Code pénal, ont statué sur la responsabilité civile sans seulement rappeler la loi de vendémiaire. Ces arguments sont loin d'être concluants ; on y répond avec avantage que la responsabilité des communes n'a été réglée par aucune loi particulière; que la loi de vendémiaire ne saurait être frappée d'abrogation par la loi de ventôse an XII, puisque cette face de la responsabilité communale n'a pas été traitée au Code, et que la loi de ventôse n'a abrogé que les lois concernant les objets contenus au Code Napoléon ; qu'il en est de même du Code pénal et des lois postérieures. Attaquée vigoureusement par les membres de l'opposition, notamment par Manuel, cette loi a résisté, et son abrogation d'ailleurs laisserait dans la législation française une fâcheuse lacune. Cette opinion, la plus généralement adoptée par les auteurs, parmi lesquels nous citerons MM. Bost, Foucart et Rendu, est confirmée par une jurisprudence constante. Ainsi, la Cour suprême, en 1811, 1817, 1839, a décidé que si la loi de vendémiaire avait cessé d'être en vigueur dans certaines dispositions particulières, elle n'avait été abrogée ni expressément, ni tacitement dans son ensemble et dans son principe fondamental; qu'elle continuait donc à être applicable, quant au principe de la responsabilité des communes, dans les divers cas qu'elle prévoyait. Enfin, comme l'a dit M. Dupin dans un de ses réquisitoires, « la loi de vendémiaire, en partie révolution-« naire, ne doit plus recevoir aujourd'hui d'au-« tre application que celle que comportent la « nature régulière de nos institutions et l'or-« ganisation actuelle de nos autorités. »

Cinq cas de responsabilité pour la commune sont prévus par cette loi. Aux termes de l'art. 1 (t. IV), la commune est responsable des délits envers les personnes et les propriétés, quand ils ont été commis sur son territoire, à force ouverte ou par violence, par des rassemblements ou attroupements armés ou non armés. Il y a une présomption grave de faute contre la commune, et à laquelle elle ne peut se soustraire qu'en justifiant avoir employé tous les moyens en son pouvoir pour prévenir les rassemblements et en faire connaître les auteurs, et en prouvant que les auteurs, provocateurs et complices qui ont fait irruption sur le territoire sont tous étrangers à la commune ; car dès lors la faute ne lui étant plus imputable ne saurait être mise à sa charge ; ces deux conditions semblent exigées par cette loi, mais cette disposition a paru si rigoureuse que la jurisprudence a souvent décidé qu'il suffisait que la commune eût pris toutes les mesures nécessaires pour prévenir le désordre. On a encore cherché à adoucir ce que la loi de vendémiaire pouvait avoir de trop absolu dans son principe. Ainsi la Cour suprême a jugé (30 déc. 1824) que, pour qu'une commune fût responsable du pillage commis sur son territoire par un attroupement de 12 à 1500 personnes, il ne suffisait pas que 10 à 12 de ses habitants en eussent fait partie ; elle a jugé également qu'une commune n'était responsable des désordres commis dans son sein qu'autant que, pouvant agir pour les prévenir, elle était restée dans l'inaction ; mais que sa responsabilité était à couvert, toutes les fois qu'elle s'était trouvée placée dans des circonstances telles que le pouvoir municipal était paralysé dans son action, quand enfin il n'existait réellement aucune autorité investie de la force nécessaire pour faire respecter les lois, les personnes et les propriétés (11 mai 1836, 27 juin et 5 déc. 1822).

Mais si le dommage a été causé par des agents de la force publique, par des troupes réunies pour y maintenir l'ordre, c'est là une question qui divise les auteurs et la jurisprudence : la Cour suprême a statué dans le sens de la responsabilité (12 avril 1842), en se fondant sur ce que la loi de vendémiaire ne faisait aucune distinction; nous inclinons à penser, au contraire, qu'en pareil cas aucune responsabilité ne saurait être mise à la charge de la commune; car il n'y a aucune faute à lui reprocher, et souvent il n'est possible que de réprimer les désordres sans pouvoir les prévenir.

Les cas de pillage, extorsion et vol, mentionnés au titre V de la loi de vendémiaire, ne sont pas les seuls dont les communes puissent avoir à répondre; leur responsabilité s'étend à tous les autres cas, par exemple quand il y a eu incendie, destruction ou dégradation des objets appartenant au demandeur. Mais elles ne répondent pas des désordres commis au cas où les attroupements ont un but politique et tendent moins au pillage des propriétés qu'au renversement du gouvernement. La loi de vendémiaire, en effet, n'a pas prévu et ne pouvait prévoir les cas extraordinaires de la guerre civile; elle n'a prévu que les cas où les attroupements n'ont pour but et résultat qu'une attaque contre les personnes et les propriétés; comme loi pénale elle doit être renfermée dans les termes des cas qu'elle a prévus; et d'ailleurs l'administration municipale, par son étroite action, n'est pas destinée à prévenir ou à combattre des désordres qui s'attaquent à la société tout entière. Cette question a soulevé des doutes, mais l'opinion que nous présentons, d'accord avec une jurisprudence à peu près unanime, nous paraît la plus rationnelle.

La commune est encore responsable au cas où des ponts ont été rompus, des routes coupées ou interrompues par des abattis d'arbres ou autrement. La municipalité, en ce cas, doit les faire réparer, sans délais, aux frais de la commune, sauf son recours contre les auteurs du délit (art. 7), à moins qu'elle ne justifie qu'elle a résisté à la destruction des ponts ou des routes, où pris toutes les mesures en son pouvoir pour prévenir l'événement, ou qu'elle ne désigne les auteurs, provocateurs et complices du délit, tous étrangers à la commune (art. 8). Quant aux cas prévus par les art. 9 et sqq., ils ne peuvent avoir d'application dans l'ordre de choses actuel; ils tiennent à un état d'anarchie incompatible avec un gouvernement régulier, et les propriétaires, par exemple, qui ne pourraient obtenir ce qui leur est dû par les colons, auraient action contre eux et non contre la commune pour cause de responsabilité.

La loi de vendémiaire peut être invoquée par tous ceux qui ont souffert du dommage, soit dans leur personne, soit dans leurs propriétés. Ainsi, quand par suite de rassemblements ou attroupements un individu domicilié ou non sur la commune y a été pillé ou homicidé, tous les habitants sont tenus de payer à lui, ou, en cas de mort, à sa veuve et à ses enfants, des dommages-intérêts ([illegible]. 6). Cette disposition doit-elle être prise à la lettre et doit-on en conclure qu'aucun dommage-intérêt n'est dû au père et à la mère de l'homicidé? Nous inclinons pour la négative, et nous pensons, avec M. Foucart, qu'il y a lieu ici à appliquer l'art. 1 du Code d'instr. crim., qui accorde la réparation du dommage causé par un crime à tous ceux qui en ont souffert.

Le principe de la responsabilité s'étend aux grandes comme aux petites communes. Si les rassemblements ou attroupements ont été formés d'habitants de plusieurs communes, toutes seront responsables des délits qu'ils auront commis et contribuables tant à la réparation et aux dommages-intérêts qu'au payement de l'amende encourue; mais, comme le principe général est que la commune sur le territoire de laquelle les rassemblements se sont portés à des excès est responsable, il suit de là que cette commune pourra être assignée pour le tout, sans que la répartition à faire postérieurement entre les communes puisse obliger à diviser leur action ceux qui ont souffert du dommage. Quand une commune est ainsi condamnée pour le tout, elle exerce son recours contre les autres; mais elle ne peut jamais, alors même que la condamnation est solidaire (C. p., 55), exiger de chacune autre chose que sa part et portion (C. N., 1214). A l'égard de la répartition, il a été jugé qu'elle doit se faire entre les communes d'après le degré de culpabilité de chacune d'elles, ou, à faute égale, d'après l'étendue de sa population et de sa richesse estimée par le chiffre des contributions qu'elle paye. Cette répartition, confiée par la loi de vendémiaire à l'administration municipale, devrait être faite maintenant par les sous-préfets et le préfet, au cas où les communes seraient situées dans des arrondissements ou des départements différents.

Cette responsabilité pèse sur les habitants et non sur les communes; c'est là un point important. La commune condamnée ne peut donc pas payer le montant des condamnations prononcées contre elle avec ses revenus ordinaires. Elle ne peut et ne doit se libérer qu'au moyen d'une contribution extraordinaire imposée à tous les habitants, mais contre laquelle il pourra y avoir recours des habitants qui justifieraient être restés inoffensifs et étrangers aux attroupements contre les auteurs et complices des délits (cass., 28 juin 1821).

Dans le système de la loi de vendémiaire an IV, la partie lésée a droit à la réparation d'abord du préjudice causé; en outre, à des dommages-intérêts. La réparation consiste dans la restitution en nature des objets pillés, volés ou extorqués, sinon dans le payement du double de la valeur; et les communes ne sauraient se libérer, en offrant même de les remplacer par des objets semblables (cass., 20 fév. 1837). Quant aux dommages-intérêts, ils ne peuvent jamais être moindres que la valeur entière de ces mêmes objets, de sorte que, quand le dommage est reconnu, l'indemnité ne peut être inférieure au triple de sa valeur. La commune, outre la réparation et les dommages-intérêts, encourt une autre peine: elle est, aux termes de l'article 2, frappée d'une amende égale au montant de la réparation principale; cette amende est prononcée au profit de l'État par le tribunal civil saisi de la demande en réparation des pertes éprouvées par suite des émeutes ou des attroupements.

La loi de vendémiaire ouvre deux actions: l'une au ministère public dans l'intérêt tant de la société que de la partie lésée, l'autre à cette partie elle-même; et dans l'un et l'autre cas, l'affaire doit être portée devant le tribunal civil de l'arrondissement. Le délit doit être constaté, dans les vingt-quatre heures, par les officiers municipaux, qui dans les trois jours adressent leurs procès-verbaux au procureur impérial du tribunal de l'arrondissement. Le ministère public poursuit d'office la réparation, sur laquelle il doit être statué dans les dix jours de l'envoi des pièces au parquet. Toutefois, on avait cru que cette procédure sommaire et extraordinaire, suivant laquelle le tribunal peut statuer sur le vu des pièces et procès-verbaux et sans assignation préalable, n'était possible qu'autant qu'il y avait un procès-verbal rédigé par les officiers municipaux. Mais cette jurisprudence, fausse selon nous, fut modifiée par un avis du conseil d'État, an XIII, qui décida que le procès-verbal des officiers municipaux n'était pas indispensable, et qu'il suffirait d'un procès-verbal rédigé par un officier de police, par des gendarmes ou des employés de l'octroi. La procédure n'est pas contradictoire; il n'est besoin ni d'assigner la commune, ni même que la partie lésée soit présente; la jurisprudence, sur ce point, est à peu près constante. La promptitude avec laquelle ce jugement doit être rendu justifie ces dérogations aux formes ordinaires; la commune, toutefois, a le droit d'intervenir et de se défendre; la partie lésée, de son côté, peut aussi prendre qualité au procès, et soutenir ses droits. En cas de défaut de la commune, ou si elle n'a pas été assignée, le jugement peut être frappé d'opposition; il est également attaquable par voie d'appel, à moins que l'importance pécuniaire de l'affaire ne dépasse point les limites du dernier ressort: on la fixera en cumulant les dommages-intérêts adjugés à la partie lésée, et l'amende prononcée au profit de l'État. Le jugement statuant sur les dommages-intérêts, sera adressé dans les vingt-quatre heures par le ministère public au préfet, qui dans les trois jours l'enverra à la commune condamnée. Aux termes d'une disposition tacitement abrogée, la commune était tenue de verser le montant des dommages-intérêts dans un certain délai, et faisait contribuer provisoirement les vingt plus fort imposés de la commune, sauf leur recours ultérieur. Aujourd'hui, la répartition est faite, par l'administration municipale, sur tous les habitants domiciliés au moment du délit, à raison de leurs facultés.

La partie lésée peut aussi agir directement si elle le préfère; elle doit alors suivre la marche de la procédure ordinaire, c'est d'ailleurs ce qui se fait le plus souvent. Mais en pareil cas doit-elle se pourvoir préalablement en autorisation? Cette question avait été vivement controversée sous l'empire des règlements antérieurs à la loi de 1837 et avait donné lieu à des solutions différentes qu'il est inutile de rapporter ici. Aujourd'hui, c'est encore un point contesté; les partisans de la négative disent, avec M. de Cormenin, qu'il importe de simplifier les formes et d'économiser les frais; la vindicte publique d'ailleurs, ajoute-t-on, ne doit pas souffrir des retards qui peuvent aller à quatre mois avec le recours au conseil d'État. On se fonde sur l'usage suivi précédemment et que la loi nouvelle n'a pas formellement abrogé, sur le danger de multiplier sans utilité les demandes d'autorisation; et enfin, sur le caractère tout exceptionnel et spécial de la loi de vendémiaire, auquel la loi générale de 1837 n'est pas réputée avoir dérogé. M. de Cormenin va même plus loin; il généralise cette opinion et déclare la loi de 1837 inapplicable à toute action correctionnelle intentée contre la commune. Malgré tous ces arguments, nous inclinons à penser que la loi de 1837 (art. 54) doit être ici appliquée et que la partie lésée qui veut actionner directement la commune doit se pourvoir en autorisation préalable. D'abord, la loi de 1837 ne fait aucune distinction à raison de la nature de l'action intentée contre la commune; et d'ailleurs, comme depuis cette loi le demandeur n'est plus tenu de se faire autoriser pour produire son action, mais qu'il y a seulement lieu, pour le conseil de préfecture, de voir s'il doit autoriser la commune à contester ou lui conseiller de céder, on ne comprend pas pourquoi, lorsqu'elle est poursuivie en réparation d'un délit dont elle est civilement responsable, on la laisserait s'engager témérairement dans un procès qu'il est de son intérêt de prévenir par une satisfaction équitable; la demande devrait donc, dans cette opinion, être précédée du mémoire exigé par la loi de 1837 pour toute action, sans distinction aucune. Le texte de la loi (art. 54) est formel, et c'est d'ailleurs l'opinion adoptée par MM. Foucart, Réverchon et Davenne.

Quant au mode de preuve, la représentation des procès-verbaux n'est nécessaire qu'en cas de poursuite d'office. On ne peut, en effet, imposer à celui qui se plaint de l'attentat le défaut de rédaction du procès-verbal par les autorités municipales dans les vingt-quatre heures du délit; quand la poursuite a lieu à la requête de la partie civile, la preuve des dommages causés peut être faite par les voies ordinaires et les juges peuvent prononcer sur la réparation du dommage d'après les éléments de la cause et leur conscience (cass., 4 déc. 1827).

## SECTION V.

### *Procès des communes.*

Un principe domine cette matière, c'est que nulle commune ou section de commune ne peut introduire une action en justice ou y défendre sans l'autorisation du conseil de préfecture : c'est ce que prescrivent formellement les articles 49 et 52 de la loi de 1837 (1).

Ce principe, d'ailleurs, n'est pas nouveau ; nous le trouvons dans un édit d'avril 1683, qui interdisait aux communautés et à leurs maires, échevins, syndics, jurats et conseils d'intenter aucune action et de commencer aucun procès sans le consentement des habitants obtenu en assemblée générale, dont l'acte de délibération devait être confirmé et autorisé d'une permission par écrit du commissaire départi en la généralité ; cette défense a été renouvelée par les délibérations des 2 août 1687 et 2 octobre 1703, dont nos lois nouvelles ont emprunté les sages dispositions ; ainsi la loi du 14 décembre 1789 (art. 54 et 56) imposa à l'administration municipale l'obligation de convoquer le conseil général de la commune, dont

(1) V. Reverchon, Autorisation de plaider.

les délibérations ne devaient être exécutoires qu'après l'approbation de l'administration ou du directoire du département. La loi du 29 vendémiaire an V (art. 3) exigea l'autorisation préalable de l'administration centrale du département, après avoir pris l'avis de l'administration municipale. La loi du 28 pluviôse an VIII (art. 4) et la loi de 1837 (art. 49) ont repris ce principe et ont donné aux conseils de préfecture la mission de statuer sur les demandes en autorisation de plaider formées par les communes.

Le principe de l'autorisation préalable exigée par la commune demanderesse n'a jamais été contesté; mais il est loin d'avoir été admis aussi aisément à l'égard des actions intentées contre les communes; quoi qu'il en soit, à la suite des discussions à la chambre des députés, en 1833 et 1837, on consacra le principe que dans toute action, quel que fût le rôle qu'y jouât la commune, elle devait obtenir l'autorisation de plaider.

Cette autorisation, aux termes de la loi de 1837 (art. 49), est nécessaire pour introduire toute action, former toute demande introductive d'instance; elle ne l'est pas, au contraire, quand il s'agit seulement de suivre sur une action régulièrement introduite, de plaider sur des incidents, ou d'obtenir l'exécution d'un jugement rendu. Une nouvelle autorisation est nécessaire à la commune pour se pourvoir devant un nouveau degré de juridiction, et alors même que le conseil d'État, sur le pourvoi de la commune contre un premier arrêté qui lui refusait l'autorisation de plaider, aurait annulé cet arrêté et accordé l'autorisation; mais elle n'est pas exigée, et sur ce point la jurisprudence est constante, d'accord d'ailleurs avec la lettre de la loi, quand la commune est appelée par son adversaire devant un autre degré de juridiction; l'autorisation en effet, en pareil cas, n'aurait pas de raison d'être.

Les auteurs sont divisés sur le point de savoir si l'autorisation est nécessaire pour le pourvoi en cassation; pour en dispenser la commune, on invoque d'abord l'édit d'août 1764 (art. 44), lequel affranchissait les communes de l'autorisation administrative pour se pourvoir devant le conseil du roi, dont les attributions ont passé en partie à la Cour de cassation; on invoque en outre trois arrêts de cette Cour, une ordonnance du conseil d'État (19 novembre 1826) et le silence de la loi de 1837, qui ne paraît pas avoir entendu innover sur ce point. Ces arguments sans doute sont sérieux; mais la discussion à la chambre, les paroles du rapporteur, M. Persil, à la séance du 11 mars 1834, et la jurisprudence constante du conseil d'État depuis 1837, ne permettent pas d'adopter cette opinion.

S'il s'agit d'une action intentée contre la commune, dans tous les cas où le demandeur est tenu d'adresser préalablement sa réclamation par un mémoire au préfet, la commune doit obtenir l'autorisation de plaider; l'art. 51 ne distingue pas : il s'applique à toute action, quel que soit le demandeur, à moins que ce ne soit l'État.

Toutefois, le principe posé par l'art. 49, de la nécessité de l'autorisation préalable pour toute demande quelle qu'elle soit, civile ou criminelle, du moment qu'elle est introductive d'instance, souffre quelques exceptions. Indépendamment des limitations que le contexte de cet article apporte, la loi de 1837 elle-même a mentionné, en termes formels, quelques exceptions à la règle générale. Ainsi, l'article 55 permet aux maires d'intenter sans autorisation préalable toute action possessoire et d'y défendre; on a voulu assimiler l'action possessoire à l'acte conservatoire; on a dit que l'art. 55 permettait tout simplement au mari, vu l'urgence, d'agir ou de défendre sans attendre l'autorisation, qui toutefois doit être octroyée *ex post facto*. Cette opinion nous semble inadmissible; outre d'ailleurs le texte même de l'article, la discussion à la chambre, et diverses ordonnances du conseil d'État repoussent cette assertion. C'est une innovation introduite par la loi de 1837, qui dispense en pareil cas de l'autorisation.

Une autre exception a été apportée par l'article 63 ; voici dans quel cas : il y a des recettes communales qui ne peuvent se faire dans les formes prescrites pour le recouvrement des contributions indirectes, ainsi, par exemple, le prix d'une vente mobilière faite par la commune. La commune, en pareil cas, est autorisée à effectuer ces recettes sur des états dressés par le maire et rendus exécutoires par le visa du sous-préfet. Mais le débiteur poursuivi peut former opposition, et les tribunaux doivent statuer sur l'opposition comme en matière sommaire, et la commune peut y défendre sans autorisation. La provision, en ce cas, appartiendra à la commune, et sans danger, car la signature du maire et le visa du sous-préfet garantissent suffisamment la vérité de l'état de recouvrement.

Une troisième exception existe en faveur des actions administratives ; ainsi, pour plaider devant les autorités administratives, aucune autorisation n'est nécessaire ; c'est qu'en effet, les formes étant les mêmes dans tous les cas, et les frais ni plus ni moins grands, c'eût été exiger une formalité inutile, et ralentir sans profit la marche des actions administratives que d'imposer à la commune la nécessité de l'autorisation préalable. Aussi, la proposition faite par M. Taillandier d'en introduire la nécessité pour les pourvois au conseil d'État a été rejetée, et la loi de 1837 s'est conformée à la jurisprudence antérieure du conseil d'État.

Le conseil municipal doit d'abord délibérer (art. 19-1°), mais le maire seul peut en son nom demander l'autorisation de plaider (art. 10-8°). Pourrait-il le faire sans l'assentiment ou malgré le refus du conseil municipal? Dans l'ancien droit la question n'eût pas fait de doute. L'édit d'avril 1683 et les déclarations d'août 1687 et octobre 1703 exigeaient l'assentiment formel des habitants de la commune. La loi de décembre 1789 (art. 54) n'était pas aussi précise; elle exigeait seulement la convocation du conseil général pour délibérer sur le procès. Le conseil d'État exigea toujours sous l'empire de cette loi une délibération régulière du conseil municipal. La loi de 1837 a paru au milieu de ces errements. Quelle a été son influence? Il importe d'abord de scinder la question pour examiner successivement ce qu'on doit décider suivant qu'il s'agit d'actions à intenter ou à soutenir. Pour le cas où la commune est demanderesse, la question a été gravement discutée devant le conseil d'État (juillet 1840), qui a fini par décider que le conseil de préfecture excédait ses pouvoirs, quand, contre le refus du conseil municipal, il autorisait le maire à intervenir comme tel dans une instance engagée en son nom personnel contre un particulier. Des arguments sérieux, toutefois, furent présentés en faveur des deux opinions. En faveur de l'affirmative on disait : Il est possible qu'il y ait danger à s'en reposer sur un conseil municipal qui peut être négligent ou céder à de mauvaises influences qu'on n'aurait pas à redouter du maire, grâce à l'intervention postérieure du conseil de préfecture. D'ailleurs, c'est le maire qui est chargé (art. 10-8°) de représenter la commune en justice, et non pas le conseil municipal; les actions judiciaires figurent, il est vrai (art. 19), parmi les objets sur lesquels le conseil municipal doit délibérer; mais ici, la délibération ne lie point l'administration supérieure; les dons et legs, compris dans la même énumération et qu'elle peut cependant autoriser à accepter contrairement à la délibération du conseil municipal, en font foi; l'art. 52 est encore plus concluant quand il dit que la délibération du conseil municipal devra être *dans tous les cas*, en cas d'approbation comme de refus, transmise au conseil de préfecture, qui décidera si la commune doit être autorisée à ester en jugement; ne serait-il pas, d'ailleurs, étrange, ajoute-t-on dans cette opinion, de subordonner ainsi le tuteur au mauvais vouloir du pupille, et de limiter de la sorte son pouvoir? A ces arguments on a répondu que l'administration supérieure autorisait les actes des communes, mais qu'elle ne pouvait pas les lui imposer; elle exerce une surveillance et non pas une autorité oppressive. L'exemple des dons et legs n'est pas concluant, dit-on, puisque l'art. 48 a été obligé d'y pourvoir spécialement; *exceptio firmat regulam.* Quant à l'art. 52, il ne s'applique qu'au cas où la commune est défenderesse; la loi, d'ailleurs (art. 49, § 3), a ouvert une ressource contre le mauvais vouloir du conseil municipal en permettant à tout contribuable d'exercer à ses frais et risques, sous l'autorisation du conseil de préfecture, les actions que les communes refuseraient ou négligeraient d'intenter. Le système contraire amènerait, d'ailleurs, un résultat que la jurisprudence du conseil d'État a constamment repoussé, il permettrait au maire d'agir seul envers et contre tous devant les tribunaux administratifs, où l'autorisation de l'administration supérieure n'est pas exigée, ce qui ne saurait être admis, et mettrait ainsi les intérêts d'une commune à la discrétion d'un maire imprudent ou mal inspiré.

Au cas où la commune est défenderesse, la question présente moins de difficulté. Il est certain que le conseil de préfecture pourrait, malgré le conseil municipal, autoriser la commune. C'est là un fait constant confirmé par la discussion aux chambres. L'intérêt de la commune, d'ailleurs, l'exige en pareil cas; on pourrait craindre, en effet, de voir le conseil municipal, cédant à de mauvaises influences, se laisser dominer par le crédit du demandeur, et lui sacrifier les droits légitimes de la commune; de plus, son inaction, sans arrêter les poursuites de ses adversaires, l'exposerait à une condamnation par défaut, qu'il importe d'éviter; toutefois, si le maire, partageant l'avis du conseil municipal, refusait d'obtempérer à la décision de l'autorité supérieure, nous inclinerions à penser que nul ne le pourrait suppléer, et que le seul remède qui restât serait que l'action fût défendue par un des contribuables, conformément à l'art. 49.

Cette autorisation est nécessaire à la commune, être moral, et non au maire; si donc ce n'est pas la commune, être moral, qui agit, s'il n'est pas question dans le procès de ses propriétés ou intérêts matériels, si l'action, au contraire, est introduite par le maire dans les limites des pouvoirs généraux attachés à cette qualité en vertu des pouvoirs qui le lient à l'administration publique, l'autorisation n'est pas nécessaire (cass., 14 août 1832), pas plus qu'elle ne l'est pour des habitants agissant *ut singuli;*

par exemple dans le cas où, sans constituer une section de commune, ils posséderaient par indivis des biens ou des droits spéciaux.

A côté du maire représentant la commune, chargé d'agir et de défendre en son nom, la loi a voulu créer encore en sa faveur de nouvelles garanties. Elle a confié à tous les contribuables le soin de défendre ses intérêts mal entendus ou négligés; elle a donc permis à tout contribuable de plaider pour la commune. C'est là une innovation grave et sage, selon nous, de la loi de 1837 (art. 49, § 3 et 4). Toutefois, comme le procès doit nuire ou profiter à la commune, sauf quant aux frais, qui, dans ce cas, restent à la charge du contribuable qui a intenté le procès, la loi a exigé l'autorisation du conseil de préfecture; elle n'a pas voulu que ce fût un moyen d'agir en dehors de la surveillance de l'autorité supérieure. Elle a en outre exigé l'accomplissement de plusieurs conditions. Il ne suffit pas, en effet, pour intenter cette action, d'être habitant, il faut encore être contribuable inscrit sur les rôles de la commune; il faut aussi l'intenter à ses risque set périls; l'action doit être de nature communale, autrement l'autorisation du conseil de préfecture serait inutile; il faut, de plus, que la commune ait été préalablement appelée à en délibérer, et qu'elle ait refusé ou négligé d'agir (Bordeaux, 27 janvier 1839). A ces conditions, la demande d'autorisation est recevable ; on examinera en outre si elle est fondée ; mais cet examen par l'administration supérieure pourra être moins sévère sur ce qui concerne les chances du procès, puisque la commune est déchargée de tous frais et risques ; mais on devra, d'autre part, examiner avec soin si ce n'est pas la commune qui, au lieu d'agir par elle-même, met en avant un contribuable insolvable pour soutenir le procès ; si enfin cette démarche d'un habitant n'a pas seulement pour mobile un calcul d'inimitié privée ou de tracasserie personnelle. L'autorisation une fois accordée, la commune ou la section de commune devra être mise en cause, et la décision qui interviendra aura effet à son égard. Malgré les termes exprès de l'art. 49, nous pensons que la faculté accordée au contribuable serait aussi bien applicable au cas de défense qu'au cas où la commune joue le rôle de demanderesse. Il n'y a pas, selon nous, de raison pour faire des distinctions. N'oublions pas toutefois que cette innovation de la loi de 1837 pourrait présenter de graves dangers, et que d'ailleurs, faculté exceptionnelle, elle doit être restreinte dans les limites où la loi l'a placée. Si donc il s'agissait d'action possessoire ou administrative, bien qu'en pareil cas la loi de 1837 ait dispensé le maire de requérir une autorisation préalable, nous inclinerions à penser qu'elle serait indispensable à un particulier; la situation n'est pas identique, et c'est l'opinion du conseil d'État (ordonn. des 20 novembre 1840, 30 juin et 23 février 1841).

Les décisions sur les autorisations de plaider ne sont pas des actes de juridiction, ce sont seulement des actes de tutelle administrative. C'est là un principe important et fécond en conséquences. Elles sont étrangères aux tiers, qui, hormis le cas d'excès de pouvoir, auquel cas il y a un droit lésé qui réclame la juridiction administrative contentieuse, n'ont pas qualité pour les attaquer par la voie de la tierce opposition devant le conseil de préfecture, ou de pourvoi devant le conseil d'État; sans qualité en principe, ils n'y auraient d'intérêt qu'au cas où l'autorisation est accordée. Elles ne sont pas susceptibles d'acquérir force de chose jugée, et par suite un premier refus peut, sur un nouvel examen, être rétracté par le conseil même qui l'avait prononcé. C'est un principe reconnu (ordonn. des 6 sept. 1826, 22 fév. 1838, 29 janv. 1840). Toutefois, il ne suffirait pas que l'affaire eût été examinée à nouveau; autrement, la déchéance de l'art. 58 serait rendue illusoire; le pourvoi serait toujours remplacé par la voie de la rétractation; il faut que la rétractation soit motivée sur des faits ou des documents nouveaux; mais de ce que les conseils de préfecture peuvent, sous de certaines conditions, rétracter leurs arrêtés de refus, on conclurait à tort qu'ils ont le droit de rétracter leurs arrêtés d'autorisation; ce serait leur donner un pouvoir exorbitant que de leur permettre de jeter ainsi l'interdit sur une instance commencée devant l'autorité judiciaire.

Le conseil de préfecture peut et doit apprécier l'intérêt et les chances de succès de l'action. Ce droit toutefois lui a été contesté; on a soutenu que son intervention devait se borner à l'examen des formes, et s'arrêter sur les limites du droit; lui accorder cette faculté, a-t-on dit, c'était lui donner le pouvoir exorbitant de juger ou plutôt de supprimer par un refus, non entouré des caractères d'un jugement, des contestations dont la loi a donné la connaissance exclusive à l'autorité judiciaire. Ce système n'a pas prévalu, à juste titre selon nous; car, réduite à un simple examen de formes, à une simple constatation de formalités, la mission du conseil de préfecture n'eût plus été qu'une déception pour les communes, un vaine apparence pour les conseils de préfecture. L'autorisation a pour objet d'empêcher les communes d'intenter de mauvaises contestations et de se ruiner en frais; or, l'administration ne peut juger les conséquences du procès qu'en prenant connaissance de son objet, et en vérifiant par elle-même le fond de l'affaire quand il peut lui être connu; cette autorisation d'ailleurs ne préjuge en aucune façon la légitimité de la demande : elle n'est requise que pour s'assurer que le vœu de la commune a été émis dans la forme légale, et qu'il a pour objet un intérêt réel. On conçoit toutefois que la tâche de l'administration étant en pareil cas fort délicate, elle doive dans cet examen mettre la plus grande réserve et le plus rigoureux scrupule. En cas d'arrêté de refus, la commune peut se pourvoir devant le conseil d'État en la voie administrative.

Pour qu'une commune soit autorisée à intenter une action devant les tribunaux, il faut que cette affaire soit de la compétence judiciaire; que la commune ait qualité pour l'intenter ou la soutenir; qu'enfin le litige présente pour la commune un degré d'intérêt et des éléments de succès qui puissent compenser les lenteurs, les incertitudes et les frais d'un procès; le conseil de préfecture est d'ailleurs chargé, comme nous l'avons vu, d'apprécier l'existence de cette condition. Il ne lui est plus nécessaire, depuis la loi de 1837, de prendre l'avis préalable de trois jurisconsultes exigé par l'ordonnance de 1764; c'était là comme une pression, et c'était un retard qu'il importait d'éviter. Toutefois, encore bien que le conseil de préfecture puisse étudier le fond du procès pour apprécier les chances de succès, il ne suit pas de là qu'il ait le droit de statuer en aucune façon sur la contestation elle-même; ce serait là dépasser les limites des droits qui lui sont attribués; d'ailleurs, le dispositif seul constitue la décision, et, en pareil cas, quelque explicites que puissent être les motifs d'un arrêté, ils ne pourraient en faire prononcer l'annulation pour cause d'excès de pouvoir; et ceci est d'autant moins incontestable, que les arrêtés de refus doivent être motivés (art. 53), et qu'ils ne sauraient l'être sans une discussion plus ou moins sérieuse du fond du droit.

Le conseil de préfecture a une assez grande latitude; ainsi, saisi d'une demande qui contient plusieurs chefs, il peut restreindre l'autorisation à quelques-uns de ces chefs; il peut même, dans une demande unique dans ses termes, limiter son autorisation, et ne l'accorder que pour une partie seulement de la demande.

Si le droit du conseil de préfecture est identique pour les cas de demande et de défense, s'il doit pareillement, dans l'un et l'autre cas, consulter les intérêts de la commune et ses chances de succès, on conçoit cependant qu'il doit être plus facile quand il s'agit de défense ; car, ne pouvant arrêter le demandeur, le plus sage, après que tous les moyens de conciliation ont été épuisés, est d'autoriser la commune pour lui épargner les frais d'une condamnation par défaut.

Nous avons dit que l'autorisation du conseil de préfecture était indispensable à la commune pour ester en justice ; on conçoit donc qu'elle doive être préalable à la formation de l'instance. Toutefois, encore bien qu'elle n'intervînt que dans le cours de l'instance, elle n'en serait pas moins valable, et il ne serait pas nécessaire de recommencer une instance nouvelle. Cette autorisation n'est pas destinée à ne valoir que pendant un certain délai, elle n'a donc pas besoin d'être renouvelée, à moins, ce qui sera fort rare, que trente années ne se soient écoulées depuis sa délivrance. Mesure de tutelle introduite dans l'intérêt exclusif de la commune, la nécessité de l'autorisation manquerait son but si elle pouvait nuire à la commune. Si donc le cas était urgent, si les délais nécessaires à la délivrance de l'autorisation menaçaient de compromettre les intérêts de la commune, le maire pourrait et devrait, avant l'autorisation, faire tous les actes conservatoires que pourrait réclamer l'intérêt de la commune (art. 55).

C'est le conseil de préfecture, avons-nous dit, qui est chargé de statuer sur la demande en autorisation; il prononce, sauf recours au conseil d'Etat (art. 49, 52). Le préfet ne pourrait donc, en aucun cas, refuser de transmettre une demande d'autorisation au conseil de préfecture ni, à plus forte raison, y statuer lui-même; ce serait là un excès de pouvoir. Une pareille autorisation serait sans force ni valeur. Quant au conseil de préfecture, il ne peut se dispenser de statuer; il doit accorder ou refuser son autorisation. Elle doit être accordée en termes exprès et formels; la décision doit être en outre motivée quand elle refuse l'autorisation. Ce dernier point, toutefois, ne fut pas adopté sans discussion; on craignait de donner ainsi aux conseils de préfecture un pouvoir excédant les limites de leurs attributions, mais sur les observations de MM. Salverte et Caumartin, la chambre comprit qu'il pouvait être utile de motiver les refus d'autorisation, que l'on éclairerait ainsi les communes, en les avertissant du motif quelconque pour lequel l'autorisation serait refusée.

Au cas où la commune joue le rôle de défenderesse, nous avons quelques règles spéciales à signaler : ainsi, aux termes de l'art. 51, quiconque veut intenter une action contre une commune doit préalablement adresser au préfet un mémoire exposant les motifs de sa réclamation, pour l'avertir de l'action qui va s'engager, afin qu'il puisse aviser aux mesures que paraîtra réclamer l'intérêt de la commune. Le demandeur en aura un récépissé qui formera le point de départ du délai pendant lequel l'exercice de son droit sera suspendu. La présentation de ce mémoire suffira pour interrompre la prescription et toutes déchéances. Le préfet, saisi du mémoire, le transmettra au maire, qu'il autorisera à convoquer le conseil municipal pour en délibérer. Le conseil municipal délibérera, et sa délibération sera transmise au conseil de préfecture, qui devra statuer dans les deux mois de la date du récépissé.

En cas de refus d'autorisation, la commune ou le contribuable peut se pourvoir devant le roi en son conseil d'Etat (art. 50 et 53). Le pourvoi serait encore possible, mais le cas est fort rare, si le conseil de préfecture négligeait ou refusait de statuer. Ce droit de pourvoi appartient exclusivement à la commune; il est interdit aux tiers aussi bien qu'au préfet ou au ministre de l'intérieur, qui sont bien tuteurs de la commune, mais ne la représentent point : le maire, seul, a qualité pour intenter ce pourvoi au nom de la commune. Les pourvois ne sont plus, comme jusqu'en 1831, introduits et jugés en la forme contentieuse; l'ordonnance du 12 mars 1831, reproduite par la loi de 1837, lui a substitué la forme administrative avec raison, selon nous, puisque les arrêtés rendus en cette matière par le conseil de préfecture ne sont que des actes de tutelle administrative, et qu'il pourrait y avoir des inconvénients graves à faire un acte contentieux de ce qui doit rester dans le domaine de l'administration pure et simple. Ce pourvoi doit, à peine de déchéance, avoir lieu dans les trois mois à dater de la notification de l'arrêté du conseil de préfecture, faite par lettre du préfet ou du sous-préfet, et dont la réception sera établie par une lettre du maire, l'aveu de la commune, ou par tout autre moyen de preuve. Ce pourvoi pourrait être introduit par l'intermédiaire du préfet; mais à raison de la déchéance prononcée après le délai de trois mois, comme en outre il n'est formé que par son enregistrement au secrétariat général du conseil d'Etat, il est plus prudent pour les communes, et c'est d'ailleurs prescrit par une circulaire du ministre de l'intérieur (1er juillet 1840), d'adresser directement leur pourvoi au président du conseil d'Etat. Ce pourvoi doit être accompagné de l'arrêté attaqué et de la délibération du conseil municipal, autorisant le maire à se pourvoir, et devant lui servir de mandat. La commune peut se passer du ministère d'un avocat; toutefois, il n'est pas interdit; seulement la voie administrative ne lui permettra pas les formes longues et dispendieuses que la forme contentieuse exige. Le pourvoi une fois introduit, le conseil d'État le communiquait jadis à trois jurisconsultes, dont la délibération formait un des principaux éléments de sa décision. Il a renoncé à cet usage depuis la loi de 1837; toutefois, au cas où la loi n'a pas imposé de délai fatal pour statuer, il peut, et il est dans l'usage d'en communiquer avec le ministre de l'intérieur; il peut, en outre, prendre toutes les mesures d'instruction qu'il jugera nécessaires, soit pour compléter le dossier, soit pour éclairer et faciliter la solution; il peut aussi émettre tels avis et former telles demandes interlocutoires qu'il jugera convenables. Le pourvoi sera ensuite jugé en la forme administrative, sous peine d'être déclaré non recevable au cas où il serait présenté en la forme contentieuse (ord. du conseil d'Etat des 18 février 1836, 2 mai et 2 juin 1837). L'ordonnance de pourvoi fut longtemps motivée en cas de refus; le comité de législation, inspiré de l'esprit de l'art. 53, avait pensé que c'était une garantie sérieuse à donner aux communes du bon examen de leur affaire; mais peu à peu, sous l'empire de la crainte, peut-être exagérée, de donner des motifs trop judiciaires, trop empreints de l'examen du fond du droit, il s'est départi de ce système, et sauf les circonstances où le refus est fondé sur l'incompétence de l'autorité judiciaire ou sur quelques autres raisons analogues et dans lesquelles les motifs du refus sont toujours très-explicitement énoncés, la plupart des ordonnances ne contiennent guère qu'une formule sacramentelle, très-simple et non motivée.

Nous avons encore ici quelques règles spéciales, pour le cas où la commune joue le rôle de défenderesse. Aux termes de l'art. 53, le conseil d'État doit statuer dans le délai de deux mois à partir de l'enregistrement au secrétariat général sur les pourvois formés par les communes contre les arrêtés des conseils de préfecture, qui leur refusent l'autorisation de défendre aux actions dont elles peuvent être l'objet; le même motif a fait imposer au conseil de préfecture un délai de deux mois à partir de la date du récépissé du mémoire du demandeur par le préfet (art. 52) pour statuer sur la délibération du conseil municipal en cas de défense. On ne veut pas, et avec raison, paralyser indéfiniment le droit du demandeur. En ce cas, l'instance est suspendue jusqu'à ce qu'il ait été statué sur ce pourvoi; et, à défaut de décision, dans le délai de deux mois, fixé par l'art. 53, il faudra attendre l'expiration de ce délai (art. 54).

Après avoir examiné la nature de l'autorisation nécessaire aux communes pour plaider, l'autorité compétente pour l'accorder, le pourvoi qui peut être porté devant le conseil d'État contre la décision des conseils de préfecture, voyons quelles sont les conséquences du défaut ou du refus d'autorisation.

La commune est assimilée à un mineur; l'autorisation que la loi exige est uniquement requise dans son intérêt. Dès lors, le défaut d'autorisation ne peut, si elle a gagné son procès, être retourné contre elle; en d'autres termes, si son adversaire n'a pas invoqué cette irrégularité dans le cours de l'instance, il ne peut s'en prévaloir devant la Cour suprême pour obtenir la cassation du jugement ou de l'arrêt intervenu. Mais, au contraire, si la commune a perdu son procès, elle est, selon nous, recevable à attaquer par la voie de la requête civile le jugement ou l'arrêt définitif ainsi rendu contre elle (pr. civ., 481). Nous pensons aussi avec la jurisprudence que la voie du pourvoi en cassation lui serait aussi ouverte en pareil cas; et la Cour suprême a toujours admis que les communes pouvaient se prévaloir pour la première fois devant elle du défaut d'autorisation (cass., 24 juin 1829). Un recours, en outre, leur serait ouvert contre le maire qui aurait ainsi plaidé sans autorisation;

pour le faire condamner personnellement aux frais.

A côté du défaut d'autorisation, nous devons placer le cas de refus. D'abord, si les voies de recours ont été épuisées sans succès ou négligées, le maire ne peut se présenter devant les tribunaux en cette qualité, sous peine d'être déclaré non recevable et de demeurer seul passible des frais de la procédure (Bastia, 13 nov. 1823). Mais supposons qu'en pareil cas le conseil municipal autorise formellement le maire à plaider dans l'intérêt de la commune, quel compte doit-on tenir d'une pareille autorisation, et quel doit en être l'effet? Pour nous, nous la déclarons illégale; le maire doit être, en pareil cas, déclaré non recevable, et supporter les frais de l'instance: car les communes ne sont engagées par le fait de leurs représentants que dans certaines formes et sous certaines conditions qui, dans l'espèce, n'ont pas été remplies.

C'est à l'autorité judiciaire qu'il appartient d'apprécier, dans la sphère des questions qui lui sont soumises, les conséquences du défaut ou du refus d'autorisation, puisque aux termes de l'ordonnance du 1er juin 1828 (art. 3), le défaut d'autorisation ne peut donner lieu au conflit. Mais il ne suit pas de là qu'en cas de doute, elle puisse, sur le sens ou la régularité de l'autorisation accordée, donner l'interprétation ou prononcer l'annulation de l'acte administratif qui lui est représenté; ce serait violer les principes de notre droit constitutionnel sur la séparation des pouvoirs, et c'est ainsi que l'a décidé la Cour de cassation (29 juillet 1823 et 16 avril 1834).

Les règles pour les sections de commune sont à peu près les mêmes que pour les communes elles-mêmes. Elles ne peuvent introduire une action en justice sans y avoir été préalablement autorisées par le conseil de préfecture de la même manière et dans les mêmes conditions que les communes elles-mêmes (art. 49). Le législateur a entendu mettre les sections de commune et les communes sur la même ligne, ainsi qu'il résulte du rapprochement des art. 49, 50 et 51. Nous avons cependant à signaler quelques règles spéciales édictées par la loi de 1837.

Nous avons dit que c'était le maire qui, dans les communes, devait former la demande en autorisation. Cette règle n'est pas applicable aux sections de commune, qui ne sont admises en cette qualité qu'autant qu'elles ont des intérêts distincts de ceux de la commune. La loi de 1837 a donc dû tracer pour elles une règle particulière. Aux termes de l'art. 56, la section qui veut plaider s'adresse au préfet pour faire nommer une commission chargée de désigner un de ses membres pour suivre sur l'action et jouer le rôle du maire. Toutefois, la nomination de ce syndic n'est nécessaire qu'autant que la section de commune plaide contre la commune dont elle fait partie ; sinon, pour plaider contre un particulier ou une autre commune, elle pourrait être valablement et régulièrement représentée par le maire de la commune dont elle fait partie. Le conseil municipal, en pareil cas, serait appelé à en délibérer; car la commission syndicale comme le syndic ne sont de rigueur qu'autant que la section de commune plaide contre la commune même dont elle fait partie, et non contre un particulier ou une autre section de commune.

Nous avons encore à signaler une règle spéciale pour le cas où la section de commune est défenderesse. Nous savons que quiconque veut agir contre une commune ou une section de commune, doit préalablement adresser au préfet un mémoire contenant les motifs de sa demande. Cette formalité ne nous semble pas suffisante vis-à-vis de la section de commune, malgré les termes généraux de l'art. 51. Nous inclinons à penser que le demandeur devrait préalablement faire établir la commission syndicale, au sein de laquelle sera choisi le syndic qui doit suivre sur l'action intentée contre la section de commune. Il s'adressera donc au préfet pour faire nommer cette commission syndicale. Il donnera ainsi la vie civile à son adversaire, puis, cela fait, il adressera au préfet le mémoire prescrit par l'art. 51, et suivra la marche tracée pour les actions à intenter contre les communes, qui, à part les quelques dispositions que nous avons signalées, est la même que pour les sections de commune.

## CHAPITRE IV.

### DES BIENS COMMUNAUX.

Personne morale, la commune peut être propriétaire. Elle peut avoir un domaine public et un domaine privé composé de meubles aussi bien que d'immeubles, sur la propriété desquels tous ses habitants ont un droit commun (Code Nap., 542). Il importe toutefois de remarquer, et c'est là un principe important, que, quel que soit le mode de jouissance du patrimoine communal, on ne doit en aucun cas le considérer comme appartenant individuellement aux habitants; la commune seule est propriétaire; son domaine public comprend les objets destinés à l'usage du public, tant qu'ils conservent leur destination, comme les chemins, les églises, les rues et les fontaines; il est hors du commerce, inaliénable et imprescriptible. Le domaine privé est celui que la commune possède à titre de propriétaire avec les droits et les attributs de la propriété; il se compose des biens communaux proprement dits, et des biens patrimoniaux de la commune. Les biens communaux sont ceux dont la commune ne jouit pas ou ne perçoit pas immédiatement le revenu par elle-même, mais qui sont abandonnés à la jouissance commune des habitants, parce que c'est là leur destination naturelle, comme les droits de pâturage, d'affouage, etc. Les biens patrimoniaux sont ceux dont la commune est propriétaire comme personne morale, dont elle jouit immédiatement par elle-même, ou en percevant au profit de la caisse communale le revenu qui en provient; ce sont, par exemple, les mairies et les propriétés rurales ou urbaines que les corps municipaux donnent à bail, et dont les revenus sont versés dans les caisses municipales.

La propriété communale a pris naissance dès que les communautés d'habitants ont existé. La vie commune créa des besoins et des relations, et bientôt il fallut à ceux qui vivaient ainsi les uns près des autres, des édifices communs pour s'y réunir, des temples, des lieux destinés aux exercices, aux réunions publiques. Avec la civilisation grandirent les ressources et le patrimoine des cités. Sous la législation romaine, un grand nombre de lois eurent pour objet d'accroître les propriétés et les revenus des villes. Le sénatus-consulte Apronien, sous Trajan, leur permit de recevoir par fidéicommis des héritages qu'elles furent bientôt autorisées à recevoir directement. Adrien leur accorda le droit de recevoir des legs (Ulpien, ff. 24-28). Mais en grandissant, elles excitèrent la convoitise des forts et des puissants; aussi eurent-elles plus d'une fois à déplorer la spoliation de leurs biens; les empereurs d'abord, les barbares ensuite, les dépouillèrent successivement; le régime féodal, établi presque partout, leur laissa bien peu de chose. Mais, après de longs et pénibles efforts, elles finirent par s'affranchir; dès lors elles travaillèrent à se former un nouveau patrimoine. Leurs remparts et leur beffroi furent leur première propriété; mais bientôt, avec le travail et l'industrie d'une bourgeoisie intelligente et laborieuse, leurs biens augmentèrent sous la protection des rois, jaloux alors de les élever entre eux et leur ennemi commun, la féodalité. Mais une autre question s'élève : quelle est la véritable origine des communaux? est-elle également une conséquence nécessaire de celle des communautés? C'est là un point fort controversé. Quelques auteurs, cherchant à établir l'anéantissement complet des communes dans les Gaules lors des invasions barbares, arrivent à dire avec Loiseau, Dumoulin et M. Troplong, que les communaux sont nés sous la main de la féodalité, et posent le principe du droit préexistant des seigneurs. Dans ce système, tous les héritages sont censés venus de la concession, de la libéralité des seigneurs, sous la réserve d'un droit qui se manifeste à chaque mutation. D'autres, notamment Proudhon et Latruffe, font remonter leur origine à l'origine même des sociétés, à ce droit primordial de propriété qui a dû appartenir d'abord à la généralité, avant de s'individualiser. D'autres, enfin, repoussent les deux systèmes comme trop absolus, et donnent aux communaux, avec plus de raison peut-être, une origine mixte qui semble plus en rapport avec l'histoire des cités. Quoi qu'il en soit, et sans nous étendre sur cette question, qui demanderait de longs développements, et que nous nous bornons à signaler, nous voyons, à mesure que nous avançons vers la révolution de 1789, la couronne protéger la propriété des communes et s'efforcer d'assurer l'intégralité de la jouissance de leurs biens. Nous savons de quel mouvement dans le sort des communes la révolution de 1789 fut le signal. Appelées à une vie nouvelle, elles grandirent promptement. Les abus et les usurpations des seigneurs furent réprimés par les lois des 15-28 mars 1790, 28 août 1792, 10 juin 1793, qui se proposèrent de restituer les communes contre les actes excessifs de la puissance féodale ; le *triage*, ce droit pour le seigneur de distraire à son profit le tiers des bois ou marais qu'il avait, lui ou ses auteurs, concédés gratuitement et en toute propriété à la commune de son territoire, fut révoqué, les cantonnements révisés, les terres vaines et vagues attribuées aux communes ; enfin on les réintégra dans tous les biens dont elles avaient été dépouillées injustement. Mais dans le courant de l'année 1793, le désordre des finances, le besoin d'argent, porta le gouvernement à s'approprier le patrimoine des communes ; la loi du 24 août 1793 mit au compte de l'État l'actif et le passif des communes ; une loi du 20 mars 1813 ordonna une mesure analogue ; mais une loi du 28 avril 1816 rétablit définitivement les communes dans leurs droits de propriété. Nous ne voulons pas ici retracer plus longuement l'historique des biens communaux ; nous n'examinerons pas toutes les difficultés qu'ont soulevées les actes législatifs dont nous venons de parler ; ce serait sortir du cadre que nous nous sommes proposé. Nous abandonnerons donc ce point pour nous borner à étudier les actes juridiques auxquels peuvent donner lieu l'administration, le partage et la jouissance des biens communaux, et à constater le rôle que joue l'administration supérieure dans son exercice du droit de tutelle.

SECTION Ire.

*Partage des biens communaux.*

I. Les biens communaux, dans l'ancien droit, avaient été frappés d'une sorte d'indivisibilité; on les réputait substitués indéfiniment au profit des races futures. C'était pour le roi un moyen de conserver la puissance de ses auxiliaires contre les grands vassaux, et d'assurer la prospérité de chaque communauté, en y attirant ainsi des habitants et des cultivateurs. Cependant, à côté des diverses ordonnances royales, notamment celle de 1669, qui prohibait ces aliénations, nous trouvons le principe de l'inaliénabilité attaqué par divers édits de 1762, 1774, 1776 et 1777 autorisant le partage par tête ou par feu dans certaines provinces du royaume. A côté des avantages que pouvait présenter l'agglomération des biens dans les patrimoines des communes, elle offrait tous les inconvénients d'une trop grande concentration de biens entre les mains de gens de mainmorte; le législateur de 1789 en fut frappé; le morcellement de ces propriétés lui parut un moyen excellent de propager l'idée révolutionnaire et de rattacher ainsi au gouvernement naissant une masse d'individus par l'amour de la propriété. Une loi du 14 août 1792 ordonna le partage immédiat de tous les biens communaux autres que les bois, entre les citoyens de chaque commune. Mais ce partage fut rendu facultatif par la loi du 10 juin 1793, dont les dispositions soulevèrent de graves difficultés et amenèrent la loi du 21 prairial an IV, qui ordonna de surseoir provisoirement à toutes actions et poursuites résultant de la loi de 1793. La loi du 2 prairial an V vint définitivement interdire aux communes de faire aucune aliénation ni échange, sans une loi particulière. Un décret du 9 brumaire an XIII disposa que les communes qui n'avaient pas profité de la loi du 10 juin 1793 continueraient à jouir de leurs biens comme par le passé. Enfin, lors de la discussion de la loi de 1837 on essaya de faire revivre la loi de 1793, mais cet avis fut repoussé. Le conseil d'État n'admet plus de partage facultatif; il a décidé qu'il lui appartenait, à raison de son droit de tutelle, d'accorder ou de refuser l'autorisation nécessaire pour procéder au partage des biens communaux. On a dit que dans le silence de la loi de 1837, le partage des biens communaux se trouvait virtuellement prohibé, ou du moins qu'il n'était permis qu'autant que la commune se conformerait aux conditions requises pour l'aliénation de ses biens. C'est ainsi que depuis 1837 beaucoup de communes ont été admises à partager leurs biens sous une forme déguisée; des ordonnances royales ont autorisé des communes à vendre tel bien communal par lots, en faisant autant de lots que de chefs de famille; à concéder un lot à tous les chefs de famille désignés dans une liste contenant tous ceux de la commune, moyennant un très-bas prix. Une pareille aliénation équivaut, comme on le voit, à un véritable partage.

II. Une commune peut avoir un bien indivis avec une autre commune ou un particulier; elle peut en pareil cas se prévaloir de l'art. 815 au C. N. (circ. 25 juillet 1839). La commune qui demande la division s'adresse aux tribunaux civils, à défaut d'accord amiable, par une action dans les formes prescrites pour les actions à intenter par les communes. Le juge examine les questions incidentes ou préjudicielles à la demande qui se rattachent à la propriété ou doivent se décider par application des titres, et fixe d'après ces titres les bases du partage. En cas d'accord amiable, le partage est délibéré par le conseil municipal dont la délibération devait être rendue exécutoire, aux termes de la loi de 1837 (art. 46), par un arrêté du préfet ou une ordonnance royale, suivant l'importance de l'opération et du revenu de la commune, mais pour laquelle il suffit maintenant, en tous les cas, de l'homologation du préfet (décret du 25 mars 1852, A. nº 41). Le partage est fait par des experts désignés par les communes. On dresse un procès-verbal des opérations, qui est déposé aux archives de l'arrondissement, et une expédition en forme en est délivrée à chaque commune et déposée en ses archives. Les droits de chaque commune se déterminent à raison du nombre de feux ou ménages qui se trouvent dans son enclave, sans tenir compte de son plus ou moins d'étendue (cass., 20 juillet 1840); à moins, toutefois, qu'il n'y ait des titres qui déterminent un autre mode de partage (cass., 15 avril 1841), ou des prescriptions acquisitives contraires. Ces diverses règles sont pareillement applicables au cas où il s'agit d'un partage entre plusieurs sections de communes, ou entre une commune et une section de commune.

Quant à la compétence, elle n'est pas une sur cette matière : elle se divise entre les tribunaux judiciaires et les tribunaux administratifs. S'il s'agit de prononcer sur un incident ayant pour objet le mode de partage à opérer, la contestation sera terminée sur simple mémoire par le conseil de préfecture, auquel la loi de pluviôse an VIII a transporté les attributions contentieuses déférées au directoire du département en matière de partage de biens communaux par la loi de 1793. Il y a encore lieu à la compétence des conseils de préfecture toutes les fois qu'il s'agit de statuer sur le maintien ou l'annulation d'un partage, à raison de l'observation ou de l'inobservation des formes; toutefois leurs décisions, pour être exécutées, devront avoir été soumises au conseil d'État pour être confirmées, s'il y a lieu, par une ordonnance royale; ils jugent encore les contestations qui peuvent s'élever entre les copartageants, détenteurs ou occupants, et les communes sur l'interprétation des actes et les preuves des partages, la composition des lots et l'exécution des conditions. Toutes les autres questions sont du ressort des tribunaux judiciaires; ainsi les contestations survenues après le partage consommé entre les copartageants et leurs successeurs, les actions formées par ceux qui réclament comme leur appartenant des biens compris dans un partage de biens communaux, enfin toutes les questions relatives au droit de propriété en général sont de leur compétence exclusive.

## SECTION II.

### *Jouissance des biens communaux.*

Nous envisagerons la jouissance des biens communaux sous trois points de vue différents. D'abord, à l'égard des choses du domaine municipal qui sont d'un usage commun à tous et qui ne peuvent, quant au mode de jouissance, donner lieu qu'à des mesures de police, nous verrons comment la commune en jouit, en les affectant à un service public, tout en en retenant la propriété. A l'égard des biens communaux qui produisent des fruits perceptibles à l'état privatif et dont le droit de régler la jouissance a été déféré par la loi de 1837 aux conseils municipaux, nous avons à distinguer suivant que la commune garde les biens communaux en sa main et les exploite pour son compte, à la charge de remettre en nature les fruits à chacun des habitants, ou qu'elle les afferme pour en tirer un revenu qui, versé à la caisse municipale, devra être employé dans l'intérêt de tous. Ce sont là trois points que nous allons examiner successivement.

#### Art. 1er. — *Affectation à des services publics.*

L'affectation est un contrat par lequel une

commune attribue à un service d'utilité publique la jouissance d'un bien dont elle conserve la propriété. C'est un contrat tout administratif; il n'y a pas de loyer payé, pas de durée déterminée, pas de droit acquis; elle se fait, sur une délibération du conseil municipal (art. 19-3°), par le maire sous la surveillance du préfet (article 10), et la commune peut, avec l'autorisation du préfet, retirer le bénéfice de l'affectation. Ainsi les hôtels de ville, les mairies, les maisons communes, les écoles, etc., sont en général des édifices appartenant à la commune et par elle affectés à un service public. En cas de réunion d'une commune à une autre commune, les édifices et autres immeubles affectés à un usage public deviennent propriété de la commune à laquelle se fait la réunion (art. 5, 6). Leur entretien figure parmi les dépenses obligatoires de la commune (art. 30).

### Art. II. — *Jouissance proprement dite ou répartition.*

A côté des biens affectés à des services publics, à côté de ceux aussi qu'il vaut mieux affermer, il y a des biens dont les fruits se perçoivent en nature, soit qu'on les livre au pâturage des bestiaux, soit qu'on procède à une répartition de leurs produits. Avant 1789, la jouissance des biens communaux était généralement répartie en considération de la qualité de propriétaire, mais de nombreuses dérogations avaient été introduites par des usages locaux. Le partage par tête fut établi par la loi du 10 juin 1793, comme plus conforme au principe d'égalité absolue, en laissant, toutefois, aux habitants la liberté d'établir pour leur jouissance telles règles qu'ils aviseraient. Le décret du 9 brumaire an XIII distingua entre les communes qui avaient usé de la faculté laissée par la loi de 1793 et celles qui n'en avaient pas usé. Pour les premières, le mode de jouissance par elles adopté dut être provisoirement conservé ; le conseil municipal, toutefois, pouvait en choisir un nouveau qui devait être, avec l'avis du sous-préfet, communiqué au préfet, pour être par lui en conseil de préfecture approuvé, rejeté ou modifié, sauf recours au conseil d'État de la part du conseil municipal ou des intéressés. Quant aux autres communes qui avaient conservé leur ancien mode de jouissance, son changement nécessitait un décret impérial rendu sur la demande du conseil municipal. Toutefois, un avis du conseil d'État (29 mai 1808) a décidé que l'existence d'un acte fait en exécution de la loi de 1793, pour opérer un changement dans le mode de jouissance, et suivi d'exécution paisible et de bonne foi, suffisait pour qu'un nouveau changement pût se faire sans plus de formalité que dans les communes qui avaient usé de la faculté laissée par la loi de 1793. Aujourd'hui, les conseils municipaux règlent par leurs délibérations le mode de jouissance et la répartition des pâturages et fruits communaux autres que les bois qui sont soumis à des règles spéciales; ils fixent les conditions à imposer aux parties prenantes; ils peuvent remplacer les anciens usages par de nouveaux règlements, déterminer de quelle nature et de quelle manière les communaux seront livrés à la jouissance des habitants, prendre toutes les mesures d'administration, d'aménagement qui leur sembleront nécessaires; ils peuvent même aller jusqu'à enlever les biens communaux à la jouissance commune des habitants pour les donner à ferme ou même établir sur les ayants droit à la jouissance une cotisation qui, toutefois, doit être modérée, car la jouissance des biens communaux ne peut, en aucun cas, devenir onéreuse. Leurs délibérations peuvent être annulées par l'autorité supérieure comme violant un texte de loi ou un règlement, mais l'autorité supérieure ne pourrait refaire ce règlement ni y procéder *de plano*.

Trois modes de répartition différents ont été adoptés. Le premier consiste à attribuer à chacun des propriétaires une part de fruits proportionnelle à son domaine; il est aujourd'hui prohibé. Le deuxième mode de partage consiste à diviser la jouissance par feux ou chefs de famille. Le troisième mode est le partage par tête. Ce dernier système, posé en principe par la loi de 1793, n'est plus en vigueur, on lui a substitué le partage par feux (décrets des 20 juin 1806 et 6 juin 1807, C. for., art. 105).

Quand il s'agit de partager la jouissance des biens d'une commune, la première question est de savoir quelles conditions les parties prenantes doivent remplir. Il a été décidé qu'il fallait être Français, ayant feu et domicile dans la commune (déc. réglementaire du 20 juin 1806). Cependant depuis la loi de 1793 il a été jugé que cette loi, relative au partage des biens communaux, n'était pas applicable au partage de la jouissance de ces biens. On a dit que les revenus des biens communaux devaient d'abord servir à acquitter les dépenses de la commune, que par conséquent tous ceux sur qui pesaient ces dépenses avaient en quelque sorte un droit de se rembourser sur la jouissance des biens communaux, que, puisque les étrangers étaient comme les autres appelés à y contribuer, il y aurait injustice à les priver de leur part dans les revenus destinés par la loi à subvenir aux besoins de la commune, alors qu'ils acquittent les charges que ces revenus doivent couvrir; on a dit encore que la jouissance était un droit réel créé pour l'utilité des maisons et héritages de la commune, que par conséquent elle pouvait appartenir à tous ceux qui possédaient, habitaient ou exploitaient un héritage quelconque sur le territoire de la commune, sans qu'on pût tenir compte de leur qualité ou de leur nationalité (11 mai 1838). Aussi le décret du 6 juin 1811 (art. 2) n'exige-t-il plus que le domicile, et l'art. 542 du C. N. déclare-t-il que les *habitants* ont un droit acquis à la jouissance des biens communaux, sans parler de la qualité de Français. Il suffit donc maintenant d'être habitant de la commune, mais c'est là une condition indispensable; et le conseil municipal ne saurait accorder un droit de jouissance à des propriétaires forains.

Nous avons dit que c'était le conseil municipal qui, par une délibération, réglait la jouissance des biens communaux. Des réclamations peuvent s'élever contre cette délibération; elles seront portées, soit devant le conseil municipal, qui peut toujours revenir sur sa délibération, soit devant le préfet (art. 18), soit même devant les conseils de préfecture ou les tribunaux ordinaires, qui sont, suivant quelques distinctions, compétents pour connaître de la contestation juridique élevée sur ces réclamations. Des avis du conseil d'État, il est vrai, ont conclu à la compétence exclusive des tribunaux administratifs en cette matière; mais ce système nous semble forcé, et nous inclinerions volontiers à la compétence judiciaire, toutes les fois qu'il s'agira, soit de statuer sur des titres privés ou une question d'hérédité, soit de constater si un prétendant droit est légalement domicilié dans la commune; toutes les fois, enfin, que la question d'usage ou de jouissance sera subordonnée à une question de propriété. Quant à la compétence administrative, elle est partagée entre le préfet et le conseil de préfecture; le préfet statue sur les réclamations dirigées contre le principe même du règlement ou contre les délibérations arrêtant une répartition contraire à la loi, aux usages et règlements en vigueur, ou posant sur des bases inégales la répartition des cotisations; il agit d'office ou sur la réclamation des tiers intéressés. Le conseil de préfecture est compétent pour connaître des difficultés qui se peuvent élever sur la répartition au point de vue de l'attribution individuelle faite à chacun des ayants droit; et toutes les fois, enfin, que la solution d'une contestation est subordonnée à l'interprétation d'un acte administratif, c'est à lui, en effet, qu'il appartient de donner cette interprétation.

ART. III.—*Jouissance des biens loués ou affermés par les communes; baux des communes.*

L'art. 1712, C. Nap., renvoie à des règlements particuliers pour les baux des biens des communes; c'est qu'en effet cette matière est soumise à des règles différentes de celles que le Code a édictées pour les baux qui peuvent être faits entre particuliers.

Nous ne trouvons pas dans le droit romain de disposition fixant le maximum du temps pour lequel les biens nationaux ou communaux pouvaient être affermés. L'usage toutefois était de les louer pour cinq ans, l'espace qui séparait un recensement d'un autre. Nous savons que cet intervalle fut porté de cinq à dix, puis à quinze ans; il est probable que les baux à ferme suivirent les mêmes variations. La durée toutefois ne pouvait être moindre de trois ans (D., 46, *de vectig.*). Dans notre droit moderne la cupidité des seigneurs, toujours ingénieuse pour augmenter les droits de mutation qu'ils percevaient, amena la jurisprudence à assimiler le bail de plus de neuf ans à une aliénation. Nos lois avaient conservé cette limite; ainsi, d'après la loi du 28 octobre 1790 (II, 15), les baux des propriétés domaniales devaient être consentis pour trois, six ou neuf ans. Un arrêté du gouvernement du 7 germinal an IX défendait de concéder à bail à longues années aucun bien rural appartenant à une commune sans une autorisation du gouvernement. Cette règle fut confirmée par une ordonnance du 7 octobre 1818. Mais l'intérêt de l'agriculture fit comprendre la nécessité de permettre des baux à longue durée. La loi du 25 mai 1835 permit aux communes d'affermer leurs biens ruraux pour dix-huit années et au dessus sans autres formalités que celles requises pour les baux de neuf ans. Elle ne dérogea aucunement aux règles concernant les baux des maisons. La loi de 1837 a réglé la matière des baux dans les art. 19-5° et 47, et le décret du 25 mars 1852 a introduit une modification importante que nous signalerons plus loin.

Les communes peuvent donner à bail non-seulement leurs immeubles ou certaines utilités de leur propriété, comme les droits de chasse et de pêche, mais encore l'entreprise des services publics où fournitures établis ou à faire dans l'intérêt de la communauté des habitants, les droits d'octroi, de halle, de mesurage, de jaugeage, les places, les théâtres, l'éclairage public, le balayage, l'enlèvement des boues. l'entreprise des pompes funèbres, les eaux minérales, etc., etc.

Aux termes de la loi de 1837 (art. 17, 2)

les baux à ferme ou à loyer dont la durée n'excédait pas dix-huit ans pour les biens ruraux, et neuf ans pour les autres biens étaient réglés par une délibération du conseil municipal pour laquelle l'homologation préfectorale suffisait; mais celle qui avait pour objet des baux dont la durée devait excéder dix-huit ans n'était exécutoire qu'en vertu d'une ordonnance royale. Le décret du 25 mars 1852, qui déjà avait déclaré l'homologation préfectorale suffisante pour valider toutes les aliénations, quelle qu'en pût être l'importance, déclara l'autorisation du préfet suffisante pour tous les cas (A., n° 44).

Les clauses et conditions du bail sont réglées par le conseil municipal; procès-verbal est adressé au préfet, et la délibération est exécutoire si dans les trente jours qui suivent le récépissé du procès-verbal, elle n'a pas été annulée comme violant un texte de loi ou comme contraire à un règlement. Le maire dresse alors le cahier des charges. Des publications ont lieu de dimanche en dimanche pendant un mois à la porte des églises paroissiales de la situation, et des églises principales les plus voisines, à l'issue de la messe de paroisse. Des affiches sont apposées de quinzaine en quinzaine aux lieux accoutumés; enfin, au jour fixé, les baux sont adjugés à la chaleur des enchères par le maire en présence des adjoints et d'un membre du conseil municipal désigné par le préfet, avec l'assistance du receveur municipal. Quelle que soit la durée du bail, l'acte passé par le maire n'est exécutoire qu'après l'approbation du préfet (art. 47). Mais est-il indispensable que cet acte soit reçu par un notaire ? Un décret du 12 août 1807 exige que les baux des biens des hospices soient passés devant notaire; une ordonnance du 7 octobre 1818 établit la même règle en ce qui touche les biens communaux; il nous semble donc que leur ministère est obligatoire, qu'on ne saurait par conséquent faire un bail sous seing privé; on peut objecter que la loi a statué sur les biens communaux et non sur les biens patrimoniaux, et que de plus il serait bizarre de lui voir exiger ici le concours d'un notaire, quand elle ne l'exige pas pour les aliénations. Quoi qu'il en soit, la loi est formelle; nulle part elle ne fait de distinction entre les biens communaux et les biens patrimoniaux; il nous semble donc difficile de décider qu'il ne sera pas passé acte de l'adjudication par-devant notaire; en tous cas l'hypothèque n'a lieu qu'autant qu'elle est expressément réservée dans l'acte notarié.

Toutes les contestations auxquelles peut donner lieu un bail sont portées devant les tribunaux; c'est qu'en effet le bail est un acte de gestion dont la nature diffère essentiellement de celle des actes d'administration publique; on a même décidé que le bail ou adjudication d'un revenu communal passé par le maire et revêtu de l'approbation du préfet, n'est pas un acte administratif, que ce n'est qu'un acte privé émané de l'agent de la commune; la sanction du préfet n'en a pas changé la nature, et son interprétation est du domaine des tribunaux (cass., 2 janvier 1817).

Une question s'est élevée sur le point de savoir si les baux des biens des communes étaient des baux administratifs. On entend par bail administratif le bail des choses appartenant à l'État ou aux communes, parce que, pour leur confection, la loi exige le concours et la surveillance de fonctionnaires administratifs, et prescrit des formalités spéciales. Or, dit-on, pour soutenir que ce n'est pas là un bail administratif, l'autorité administrative n'intervient comme pouvoir public que dans les baux des biens de l'État, qui seuls dès lors emportent par eux-mêmes hypothèque et exécution de voie parée; tandis que l'intervention de certains fonctionnaires dans les baux des biens des communes n'a lieu qu'à titre de protection, de tutelle, et que le véritable fonctionnaire, qui seul donne l'authenticité, est le notaire, dont le concours est indispensable, comme dans les actes qui interviennent entre particuliers. Cette doctrine nous semble trop rigoureuse; c'est qu'en effet le nom de bail administratif s'applique, non-seulement à ceux qui emportent hypothèque et exécution parée, mais à tous ceux pour la validité desquels certaines formes sont prescrites, et l'intervention de certains fonctionnaires indispensable soit comme autorité, soit comme administrateurs. Le caractère de ces actes reste le même, indépendamment du plus ou moins d'étendue de leurs effets; et pour ne pas offrir tous les caractères du bail administratif proprement dit, le bail des biens des communes n'en reste pas moins un acte administratif.

La commune peut aussi, dans un bail, jouer le rôle de preneur, de locataire; le bail, en pareil cas, est passé avec le maire sur la délibération du conseil municipal; il est rendu exécutoire par un simple arrêté préfectoral, quelle qu'en soit la durée, aux termes du décret du 25 mars 1852 (A. 44).

## CHAPITRE V.

## BUDGET ET COMPTABILITÉ.

### SECTION I^re^.

### *Budget.*

Les recettes et les dépenses de la commune

forment sans contredit la partie la plus importante de son administration ; c'est le mouvement de sa fortune, c'est la première condition de son existence ; on conçoit donc que la loi ait dû veiller avec grand soin à la direction de ses intérêts, et apporter à cette matière toute sa sollicitude.

Le budget est la balance entre l'actif et le passif ; c'est l'énumération complète et comparée sous deux sections différentes des dépenses et des revenus de la commune.

Jadis, on distinguait les dépenses et les recettes en ordinaires et extraordinaires ; mais on a abandonné cette dénomination, qui a paru impropre pour les dépenses, et on les a classées en dépenses obligatoires et dépenses facultatives. C'est qu'en effet, à côté du droit qu'ont les conseils municipaux de régler les dépenses communales, parce que, administrateurs d'une réunion d'habitants ayant des intérêts communs, ils doivent participer à la gestion des fonds communs, il y a le droit de l'État, qui doit maintenir l'unité dans le gouvernement général du pays, protéger et défendre les communes contre elles-mêmes et les empêcher de s'anéantir en les forçant de faire les dépenses nécessaires pour le maintien du régime municipal. Les dépenses obligatoires sont celles qui peuvent affecter l'État et les intérêts généraux ;

celles qui ont pour objet l'exécution d'une loi, l'accomplissement d'une obligation publique ou privée; celles enfin qui intéressent essentiellement l'existence même de la commune et lui sont imposées par la loi. La loi du 18 juillet 1837 les a énumérées dans son art. 30. Toutes les dépenses non comprises dans cette énumération ou non indiquées comme obligatoires par une loi spéciale, sont facultatives, laissées au libre arbitre du conseil municipal, qui peut les faire ou s'en dispenser. A côté de ces dépenses, il y a encore les dépenses imprévues. Autrefois, il était d'usage de porter au budget une certaine somme pour dépenses imprévues que l'administration avait le droit de réduire ou de rejeter. La chambre des députés a pensé que le droit de rejet ou de réduction devait être limité; qu'il fallait autant que possible qu'il y eût un crédit ouvert pour les dépenses imprévues; autrement, les conseils municipaux et les maires se ménageraient des ressources occultes, formeraient des masses noires pour subvenir aux dépenses qu'ils supposeraient devoir survenir, et pour lesquelles ils penseraient que l'administration ne voudrait pas accorder de fonds (rapport de M. Vivien). La loi de 1837 a statué sur ce point dans son art. 37; elle décide que les conseils municipaux pourront porter au budget un crédit pour dépenses imprévues. La somme inscrite pour ce crédit ne pourra être ni réduite, ni rejetée, qu'autant que les revenus ordinaires, après avoir satisfait aux dépenses obligatoires, ne permettraient pas d'y faire face, ou qu'elle excéderait le dixième des recettes ordinaires. Ce crédit doit être employé par le maire, avec l'approbation du préfet et du sous-préfet.

Pour faire face à ces dépenses, la commune possède des ressources qui se composent des recettes ordinaires et extraordinaires (art. 31 et 32).

Chaque commune doit avoir son budget, dressé chaque année sur le modèle envoyé par la sous-préfecture. Une commune ne peut faire de dépenses que sur le crédit ouvert pour y subvenir, c'est-à-dire sur l'allocation des sommes nécessaires pour le payement des dépenses pendant le cours de l'année. Le budget est dressé en projet par le maire, et soumis aux délibérations du conseil municipal pendant la session de mai. Le travail du maire n'est que préparatoire ; il est destiné à guider le conseil municipal, il doit simplifier sa tâche sans le lier. Le vote du conseil municipal est parfaitement libre, sauf pour les dépenses obligatoires qu'il est tenu de voter ; il doit, en outre, pour les impositions extraordinaires, être assisté des plus forts contribuables, en nombre égal à celui de ses membres, pour ne pas faire peser sur ceux qui sont le plus intéressés dans la mesure, une charge qui n'aurait pas été suffisamment appréciée et jugée utile autant qu'opportune. Aux termes de la loi de 1837 (art. 33), le budget était définitivement réglé par un arrêté préfectoral, à moins que les recettes ordinaires, constatées dans les comptes, ne se fussent élevées, pendant les trois dernières années, à la somme de 100,000 fr., auquel cas il fallait une ordonnance royale; elle n'est plus maintenant requise, aux termes du décret du 25 mars 1852 (A., n° 35), que si les dépenses nécessitent des impositions extraordinaires.

Dans le cas où, par une cause quelconque, le budget d'une commune n'aurait pas été approuvé avant le commencement de l'exercice, les recettes et les dépenses ordinaires continueraient à être faites conformément à celles de l'année précédente (art. 35). Le préfet d'ailleurs, en cas de négligence du maire, et après l'en avoir requis, peut dresser et soumettre au conseil municipal, soit par lui-même, soit par un délégué spécial, le budget de la commune (art. 15). Toutefois, les pouvoirs du préfet sont limités. Il peut rayer ou réduire les dépenses proposées; mais il ne peut les augmenter; il n'en peut suppléer aucune, à moins qu'elle ne soit obligatoire; l'allocation des fonds nécessaires, en pareil cas, est inscrite au budget par arrêté préfectoral; le conseil municipal, toutefois, est préalablement appelé à en délibérer. L'effet des arrêtés ou décrets portant règlement des budgets communaux, ne s'étend pas au delà de leur objet financier; ils n'emportent aucune approbation des usages ou règlements municipaux qui pourraient servir de base à des recettes illégales, et ces règlements pourraient être annulés par le préfet ou le ministre de l'intérieur (avis du conseil d'État du 21 déc. 1839). Si des crédits sont reconnus nécessaires après le règlement du budget, ils sont délibérés par le conseil municipal et autorisés par le préfet, d'après les règles suivies pour le budget lui-même (art. 34). L'*exercice* de chaque budget, c'est-à-dire le temps pour lequel le crédit est ouvert, ne dure qu'un an. Les sommes votées pour l'exercice d'une année ne peuvent s'étendre à celui d'une année précédente ou suivante. Elles ne doivent servir qu'à payer les dépenses effectuées dans l'année pour laquelle elles ont été votées, c'est-à-dire du 1er janvier au 31 décembre. Mais comme souvent il serait impossible que toutes les recettes fussent exactement effectuées entre le 1er janvier et le 31 décembre; comme par suite il serait impossible de solder dans cet intervalle les fournisseurs, qui eux-mêmes auraient à peine le temps de remettre leurs mémoires et les pièces justificatives, une ordonnance du 24 janvier 1843 a fixé la clôture des exercices de toutes les communes au 31 mars, pour qu'ainsi il fût possible d'arrêter d'une manière définitive, et avant le règlement du nouveau budget, le compte du budget de l'année précédente. Toutes les dépenses faites au 31 décembre et qui n'ont pas été payées, doivent être, aussitôt après le 31 mars, portées sur un état dressé d'accord par le maire et le receveur. Ils le certifient conforme aux écritures sous leur garantie et leur responsabilité. Dans la quinzaine qui suit la clôture de l'exercice, le receveur doit remettre au maire un état correspondant aux chapitres et aux articles du budget et indiquant les recettes faites et à faire et les dépenses payées et à payer. En cas d'excédant des recettes, il sera reporté sur le budget, qui commence au jour de la clôture; il servira à couvrir les dépenses de l'ancien budget portées au nouveau; si, au contraire, les crédits de l'ancien exercice étaient insuffisants pour couvrir les dépenses, il faudrait demander une allocation supplémentaire au budget courant. On ne pourrait *de plano* entamer sur les ressources du nouveau budget, pour acquitter les dettes de l'ancien. En aucun cas les recettes et les dépenses de deux exercices ne doivent être confondues.

La loi, nous le voyons, a veillé avec le plus grand soin à la confection régulière et prudente du budget communal; elle a fait exercer à l'autorité supérieure son droit de tutelle, qui doit fonctionner alors surtout que les intérêts pécuniaires de la commune sont directement en jeu; elle a en outre voulu que ses comptables justifiassent non-seulement que les dépenses nécessaires avaient été faites, mais encore qu'elles l'avaient été régulièrement. Nous allons examiner les dispositions qu'elle a édictées sur cette matière dans la section suivante.

## SECTION II.

### *Comptabilité communale.*

Le principe fondamental de la comptabilité française, c'est la distinction établie entre l'ordonnateur et le comptable, distinction qui domine la matière.

Aucune dépense ne peut être acquittée sans avoir été préalablement ordonnancée. L'ordonnateur choisi par la loi est le maire, qui seul peut délivrer des mandats, c'est-à-dire des bons à payer par le receveur municipal, à moins qu'il n'ait régulièrement délégué ses fonctions à son adjoint. Le préfet et le sous-préfet n'ont pas qualité pour remplacer le maire, les mandats qu'ils auraient délivrés devraient être refusés par le comptable, à moins que le maire n'eût refusé d'ordonnancer une dépense régulièrement autorisée et liquidée ; auquel cas ce droit appartiendrait au préfet, qui ferait faire l'ordonnancement par le conseil de préfecture. L'ordonnateur ne peut en aucun cas excéder les crédits de l'exercice courant, ni en changer la destination. Le receveur municipal ne doit pas être néanmoins à la discrétion du maire, qui pourrait délivrer sur lui des mandats pour des dépenses imaginaires ; aussi les ordonnances des 23 avril 1823 et 31 mai 1838 ont-elles prescrit que tout mandat devrait énoncer l'exercice et le crédit auxquels la dépense s'applique et être accompagné des pièces indiquées par les règlements.

Toutes les recettes et les dépenses sont effectuées par un comptable qui est un percepteur ou un receveur municipal, suivant que le chiffre du revenu de la commune excède ou non 30,000 fr. Seul il est chargé, sous sa responsabilité personnelle garantie par une hypothèque donnée par la loi sur ses biens (C. N., art. 2121), et par un cautionnement sur lequel la commune est privilégiée, de poursuivre la rentrée de tous les revenus de la commune et de toutes les sommes qui lui seraient dues, ainsi que d'acquitter toutes les dépenses ordonnancées par le maire, jusqu'à concurrence des crédits régulièrement accordés. C'est donc à lui de faire toutes les diligences pour la perception des revenus, legs et donations, et autres ressources affectées au service de la commune ; il doit faire opérer contre les débiteurs en retard de payer, et à la requête du maire, les exploits, poursuites et commandements nécessaires, avertir l'administration de l'expiration des baux, empêcher les prescriptions, veiller à la conservation des domaines, droits, priviléges et hypothèques. Il ne peut, sous aucun prétexte, refuser d'acquitter les mandats, ni en retarder le payement, à moins cependant que le mandat ne porte pas sur le crédit ouvert, ou ne l'excède ; à moins que les pièces justificatives qui accompagnent le mandat ne soient insuffisantes ou irrégulières, ou qu'il n'y ait une opposition dûment signifiée contre le payement qu'on lui vient réclamer. Tout refus ou retard de payement doit être motivé, pour qu'on en puisse référer devant le maire, qui devra aviser aux mesures à prendre. A défaut de justification suffisante, le comptable est exposé d'abord à tous les dommages-intérêts que peut occasionner le retard qu'il a apporté au payement, et même, le cas échéant, à la perte de son emploi.

Les formalités prescrites (ord. du 31 mai 1838) pour apurer la régularité de la comptabilité communale l'ont été dans l'intérêt exclusif des communes, les tiers ne sauraient donc les invoquer contre elles, et leur absence ne pourrait constituer une nullité : c'est une mesure de tutelle créée par la loi en faveur des communes, et non dans l'intérêt de ceux qui peuvent contracter avec elles.

Toute bonne administration financière exige une reddition de comptes et une responsabilité. Nous retrouvons ici ces deux caractères. Ordonnateurs et comptables doivent rendre des comptes, seulement la nature en est différente : ainsi, le maire n'a pas un compte de deniers à rendre, mais seulement un compte moral ; il doit faire connaître quels motifs l'ont dirigé dans son administration ; le comptable, au contraire, se borne à présenter, au point de vue matériel en quelque sorte, les recettes qu'il a faites et les dépenses qu'il a payées.

Les comptes des maires se terminent à la clôture de l'exercice ; ils doivent être présentés au conseil municipal dans la session de mai qui suit la clôture de l'exercice, avant la délibération du budget. Le conseil délibère sur les comptes, pour statuer sur l'utilité et la régularité de l'autorisation des dépenses, et sur leur ordonnancement. Les comptes du maire sont définitivement approuvés par le préfet. La distinction qui existait à cet égard (art. 60) entre les communes dont le revenu est supérieur ou inférieur à 100,000 fr., a été abrogée par le décret du 25 mars 1852 (A., n° 35). Le ministre de l'intérieur n'interviendrait qu'au cas où il y aurait à rendre compte de contributions extraordinaires. Le maire, nous le savons, doit rester étranger au maniement des deniers de la commune; mais si, par une impulsion volontaire, il avait cru devoir s'en mêler, il serait dès lors devenu comptable, et sous ce rapport ses comptes devraient être apurés comme ceux d'un comptable ordinaire; il serait justiciable du conseil de préfecture, sauf appel devant la Cour des comptes (art. 64).

Les comptes à rendre par le comptable ne sont pas de la même nature que ceux du maire; ce n'est plus un compte moral, c'est un compte de deniers. Une instruction ministérielle de septembre 1824 a tracé les règles de son apurement. A l'égard des recettes, on vérifie et on constate celles qui ont été effectuées et celles qui restent à faire; on recherche s'il a exactement perçu et compris dans ses comptes tous les produits indiqués par le budget, et dont la perception est placée sous sa responsabilité; en ce qui concerne les dépenses, on constate à quelle somme s'élèvent les payements effectués, on vérifie l'ordonnancement des dépenses. Toute dépense non justifiée en sa réalité est rejetée du compte. Le 31 décembre de chaque année, le maire, assisté d'un des membres du conseil municipal, doit clore et arrêter les registres, et constater d'une manière régulière l'état des valeurs recouvrées ou à recouvrer. Dans la première quinzaine d'avril, le comptable dressera un état de l'exercice clos, constatant les recouvrements effectués et les restes à recouvrer, les dépenses faites et les restes à payer, ainsi que les crédits annulés, enfin l'excédant définitif des recettes. Cet état est remis au maire pour être joint au compte de l'administration et servir au règlement définitif des recettes et des dépenses de l'exercice clos. Les comptes sont présentés par le maire au conseil municipal, chargé de les examiner, puis soumis à l'autorité chargée de les juger avant le 1er juillet de l'année qui suit celle pour laquelle ils sont rendus. Ils sont définitivement apurés par le conseil de préfecture pour les communes dont le revenu n'excède pas 30,000 fr., sauf recours à la Cour des comptes, laquelle apure et règle définitivement les comptes des communes dont le revenu est d'un chiffre plus élevé.

La gestion des revenus communaux intéresse tous les habitants de la commune ; aussi les comptes et les budgets des communes sont publics ; toute personne portée au rôle de la commune peut en prendre connaissance à la mairie; en outre, cette faculté pouvant ne pas être encore une garantie suffisante, la publicité en a été imposée ou autorisée; pour les communes dont le revenu excède 100,000 fr., l'impression est obligatoire (loi de 1837, art. 60 et 67, décret du 25 mars, A., n° 35); pour les autres elle est facultative; le conseil municipal peut en voter ou en refuser la dépense.

Avant la loi de 1837, la commune, assimilée à un particulier quant à sa qualité de créancière, ne pouvait poursuivre ses débiteurs qu'en vertu de condamnations judiciaires; il en résultait souvent des frais énormes pour obtenir des payements parfois très modiques. L'art. 63 introduisit une innovation importante : il fut décidé que les recettes municipales pour lesquelles les lois et règlements n'ont pas prescrit un mode spécial de recouvrement pourraient s'effectuer sur des états dressés par le maire, que ces états seraient exécutoires en vertu du visa du sous-préfet. Le débiteur poursuivi par la commune peut, il est vrai, former opposition, et les tribunaux prononceront comme en matière sommaire; toutefois la provision appartiendra à la commune, et ce sera sans danger, car la signature du maire et le visa du sous-préfet entoureront cet état de recouvrement d'une présomption suffisante de vérité.

# POSITIONS.

## DROIT ROMAIN.

I. La possession est une condition nécessaire pour intenter la Publicienne.

II. Pour réussir dans la Publicienne, il n'est pas nécessaire d'être de bonne foi au moment où on l'intente.

III. La Publicienne se donne aussi bien à celui qui a la chose *in bonis* qu'à celui qui en a la possession de bonne foi.

IV. Le possesseur *pro emptore* n'a la Publicienne qu'autant qu'il a payé le prix ou satisfait le vendeur, à moins que celui-ci n'ait suivi sa foi.

V. Le propriétaire lui-même peut intenter la Publicienne.

VI. La bonne foi et la juste cause sont distinctes l'une de l'autre.

VII. Quel est l'effet de la condition résolutoire au point de vue de la retranslation de propriété? — Dissentiment des jurisconsultes romains.

DROIT FRANÇAIS.

I. La surenchère n'est pas admise dans la vente des biens des communes.

II. Une nouvelle autorisation du conseil de préfecture est nécessaire à la commune pour se pourvoir en cassation.

III. Le maire peut demander l'autorisation de plaider sans l'assentiment ou contre le refus du conseil municipal.

IV. La commune ne peut, sans y être autorisée, accepter un désistement.

V. La loi du 10 vendémiaire an IV est-elle encore en vigueur? — Oui, mais il y a des distinctions à faire.

VI. La partie lésée qui veut intenter une action civile en responsabilité, aux termes de la loi de vendémiaire, doit se pourvoir préalablement en autorisation.

VII. La réunion des deux circonstances indiquées par l'art. 5 du titre 2 de la loi de vendémiaire, n'est pas nécessaire pour que la commune échappe à la responsabilité.

VIII. La demande en délivrance d'un legs formée par le maire, avant que le gouvernement en ait autorisé l'acceptation, fait courir les intérêts au profit de la commune.

IX. La possession d'état peut être admise comme preuve de la filiation naturelle.

X. La femme étrangère a-t-elle hypothèque sur les immeubles possédés en France par son mari? — Distinctions.

XI. L'exception de garantie est divisible.

XII. Le mariage entre personnes parentes qui ont dû obtenir des dispenses préalables n'a pas pour objet de légitimer les enfants déjà nés.

XIII. La femme qui a vendu son immeuble dotal en dehors des cas prévus par la loi doit garantie sur ses paraphernaux.

XIV. Quand l'immeuble donné en dot a été évincé, le nouvel immeuble donné en payement pour obligation de garantie est-il dotal? — Distinction.

## HISTOIRE DU DROIT.

I. La communauté légale a une origine mixte, servile pour les classes inférieures, germaine pour les classes nobles.

II. La maxime *le mort saisit le vif* est germaine et surtout féodale.

## DROIT CRIMINEL.

I. La subornation de témoins n'est pas punissable quand le témoin ayant repoussé les offres à lui faites a déposé selon la vérité.

II. Le complice doit-il être puni à raison des circonstances aggravantes du crime ou du délit quand il les ignore? — Oui.

*Vu par le Président de la thèse,*
ROYER-COLLARD.

*Vu par le Doyen,*
C.-A. PELLAT.

Permis d'imprimer :
*Le Vice-Recteur,*
CAYX.

www.ingramcontent.com/pod-product-compliance
Ingram Content Group UK Ltd.
Pitfield, Milton Keynes, MK11 3LW, UK
UKHW020455200726
13857UKWH00002B/718

9 782011 948915